kritische frauen & gender Gesundheit

Printausgabe 978-3-938580-74-5
eBook (PDF) 978-3-938580-65-3
Unveränderte Auflage, 2025

DIAMETRIC Verlag Jutta A. Wilke e. K.,
Versbacher Str. 181, 97078 Würzburg/Deutschland
Fon: +49(0)931 7841230, info@diametric-verlag.de
(Angaben gemäß den Anforderungen der GPSR)

Abbildung Umschlag: © Kathrin Feser, Veitshöchheim, circlefly.de
Korrektorat: Dr. Julia Roßhart, Berlin
Druck: Franz X. Stückle Druck und Verlag e. K., Ettenheim

Bettina Zehetner

Reparaturprojekt Mann
Erholungsgebiet Frau

Frauen beraten Frauen

„Hören wir auf, Krieg gegen die Natur zu führen."

Liebe Leserin, das Buch, das Sie gerade in Händen halten, ist aus nachhaltiger Buchproduktion, die u. a. schadstofffreie Druckfarben, Drucklacke und Bindung sowie Papiere aus verantwortungsvollen Quellen und einen weitgehenden Verzicht auf Kunststofffolien beinhaltet.

Books for Future®
umweltfreundliche Buch- und Bindeprodukte
49/005/010/25
www.books-for-future.de

INHALT

Widmung

Ich widme dieses Buch meiner Mutter, die mir mit ihrem Mut und ihrer Gelassenheit gezeigt hat, wie Veränderungen in jedem Lebensalter möglich sind.

Die Autorin

Dr. Bettina Zehetner, Trainerin für Genderkompetenz und Lehrbeauftragte am Institut für Philosophie der Universität Wien, ist Vorstandsfrau und Mitarbeiterin bei FRAUEN* BERATEN FRAUEN*, Wien, und Gründerin von frauenberatenfrauenONLINE – einer webbasierten frauenspezifischen Beratungsplattform, die seit 2006 aktiv ist.

WORAN ERKENNE ICH FEMINISTISCHE BERATUNG?

Eine kurze Einführung

Gleich vorweg: Sie befinden sich sicher NICHT in einer feministischen Beratung, wenn Sie auf die Schilderung eines Gewalterlebnisses die Frage »Haben Sie ihn irgendwie provoziert?« oder den Satz »Zum Streiten gehören immer zwei« hören. Oder: »Das ist keine Kontrolle, er liebt Sie halt und ist deshalb eifersüchtig.« Sie befinden sich ziemlich sicher in einer feministischen Beratung, wenn Sie die Beraterin fragt, wer denn bei Ihnen zuhause die Wäsche wäscht.

Die Idee einer frauenspezifischen oder feministischen Beratung und Psychotherapie entstand im Kontext der Zweiten Frauenbewegung, die auch die Gefahren von Psychotherapie als Instrument der Funktionalisierung von Frauen thematisierte und die ein *bloßes Kreisen* um sich selbst als Beruhigung, um Frauen von Forderungen nach realpolitischen Veränderungen abzulenken, befürchtete. Christina Thürmer-Rohr kritisierte die »Neue Heimat Therapie« als eskapistisches Beschäftigungsprojekt von und für Frauen und forderte stattdessen dazu auf, sich aus der »Gewohnheit des falschen Echos« zu lösen.[1] Basierend auf dieser Kritik wurden Ansätze für eine speziell frauenorientierte Beratung und Psychotherapie entwickelt, die sich auf eine feministische Theorie beziehen und sich in einer feministischen Praxis äußern.

Feministische Beratung zeichnet sich durch die Haltung aus, die Berater*innen zum Thema Geschlecht einnehmen, nämlich nicht normierend und beschränkend, sondern emanzipatorisch und offen. Diese Haltung zeigt sich an der Reflexion der eigenen Geschlechterrolle und Identität, daran, wie die eigenen verinnerlichten Normen, Werte und (Ideal-)Bilder von Männlichkeit* und Weiblichkeit* reflektiert werden, und an dem Bewusstsein über die vielfältigen Wirkungen der Kategorie Geschlecht. Denn *Gender* ist etwas, das wir tun. Es ist das

soziale und kulturelle Geschlecht, die Geschlechterrolle. Es sitzt also nicht zwischen unseren Beinen, sondern zwischen unseren Ohren, im Kopf.

In der Therapie zeigt sich der feministische Ansatz insbesondere in einer verstärkten Sensibilität gegenüber den Formen und Ausprägungen von Gewalt und ihren Auswirkungen, seien sie struktureller Art oder wie sie in Beziehungen und in der Familie vorkommen. Detailliertes Expert*innenwissen über geschlechtsspezifische Sozialisation und ökonomische Verhältnisse führen zu einer geschulten Wahrnehmung von geschlechterstereotypen Bewertungen von Verhalten und Eigenschaften, z. B. was als »unweiblich«/»unmännlich« gilt und was welchem Geschlecht als aggressiv, störend oder auffällig (Rabenmutter, Karrierefrau) zugeordnet wird. Offen ist auch die beratende Haltung beim Thema Schwangerschaftsabbruch gegenüber Frauen in Entscheidungskonflikten.

Frauen kommen häufig mit der Frage »Bin ich normal? Bin ich ›richtig‹ als Frau, als Mutter, als Ehefrau/Partnerin?« zu mir in die Beratungsstelle.

Dieser Zweifel, nicht richtig zu sein, nicht zu genügen, verweist auf den Druck, unter dem Frauen mit der Verpflichtung der beständigen Arbeit an sich selbst stehen – der Imperativ der Selbstoptimierung. Dieser Druck und das Gefühl des Nicht-Entsprechens in Bezug auf all die widersprüchlichen Normen und Anforderungen an uns Frauen bringen Vereinzelung hervor. Darum ist diese Frage auch so spannend, denn wir können daran anschließend weiterfragen: »Ist das, was ich erlebe, normal? Will ich, dass das so bleibt? Was könnte anders sein, was wünsche ich mir stattdessen?«

Beratung oder Psychotherapie – was ist das Richtige für mich?

Wenn Sie beispielsweise aktuell Gewalt durch Ihren Partner erleben, dann ist die konkrete Unterstützung einer Beratungsstelle vonnöten. Aktive Maßnahmen zu Ihrem Schutz haben hier Priorität. Wenn Sie hingegen länger zurückliegende traumatische Erfahrungen aufarbeiten wollen, dann ist die Psychotherapie das Mittel der Wahl.

Das Psychotherapiegesetz in Österreich definiert ähnlich wie in Deutschland[2] Psychotherapie als »nach einer allgemeinen und besonderen Ausbildung erlernte, umfassende, bewusste und geplante Behandlung von psychosozial oder auch psychosomatisch bedingten Verhaltensstörungen und Leidenszuständen mit wissenschaftlich-psychotherapeutischen Methoden in einer Interaktion zwischen einem oder mehreren Behandelten und einem oder mehreren Psychotherapeuten mit dem Ziel, bestehende Symptome zu mildern oder zu beseitigen, gestörte Verhaltensweisen und Einstellungen zu ändern und die Reifung, Entwicklung und Gesundheit des Behandelten zu fördern.«

Beratung gilt häufig als »kleine Therapie«, stellt jedoch eine eigenständige psychosoziale Interventionsform dar. Beratung ist einerseits meist weniger zeitintensiv als Psychotherapie (in Dauer und Häufigkeit) sowie tendenziell direktiver und weniger aufdeckend-konfrontativ als vielmehr stützend, wobei der Übergang fließend ist. Andererseits kann Beratung aber auch im psychosozialen Sinn umfassender, thematisch und methodisch breiter angelegt sein als Psychotherapie.

Informationen zu geben und Handlungsoptionen aufzuzeigen ist in der Beratung im Gegensatz zu vielen Formen der Psychotherapie, wo alles Material möglichst von der Klientin selbst kommen soll, durchaus angebracht und produktiv. Außerdem können Beratungstermine flexibel vereinbart werden, je nach Lebenssituation und Bedarf in kürzeren oder längeren zeitlichen Abständen. Viele Frauenberatungsstellen bieten auch interdisziplinäre Beratung an, zum Beispiel die Kombination von psychosozialer und juristischer Beratung bei Gewalt, Trennung und Scheidung.

Grundsätzlich ist für krankheitswertige Störungen eine Psychotherapie indiziert, da deren Behandlung den Rahmen einer Beratung sprengen würde. Beratung ist also im Unterschied zu Psychotherapie dadurch gekennzeichnet, dass sie nicht auf die Behandlung krankheitswertiger Leidenszustände ausgerichtet ist. Jedoch können auch Frauen mit massiven psychischen Problemen Beratungsbedarf (z. B. Scheidungsberatung) haben. Die feministische Beraterin arbeitet zwar mit ihrem diagnostischen Blick, pathologisiert die Klientin jedoch nicht. Die Entscheidung für Beratung oder Therapie sollte entsprechend Ihren Bedürfnissen und Ihrer Motivation als Klientin getroffen werden.

Die Zielgruppe für die Beratung sind Klient*innen, für die Therapie Klient*innen und Patient*innen. Unterschiede im Setting betreffen die Dauer und Häufigkeit der Kontakte. Allerdings sind die Unterschiede im Setting zwischen den einzelnen Therapieformen wesentlich größer als diejenigen zwischen Beratung und Psychotherapie.[3]

Für die Gestalttherapeutin Dorothea Rahm besteht das Ziel von Beratung und Therapie in der Selbstverwirklichung der Persönlichkeit, wobei in der Therapie meist tiefgreifendere Veränderungen erwartet werden als in der Beratung. Der Prozess ist bei beiden ein Lernprozess, bei dem es um Erkenntnisgewinnung, Übernahme von Eigenverantwortung, Entscheidungsfähigkeit und die Initiierung von Veränderungen auf den Ebenen Denken, Fühlen und Handeln geht. Unterschiede ergeben sich lediglich hinsichtlich der Intensität des Prozesses. Die Methode kann als Unterscheidungskriterium nicht herangezogen werden, da auch innerhalb von Beratung und Therapie unterschiedliche Methoden verwendet werden. Das Medium für Veränderung ist bei beiden die zwischenmenschliche Beziehung.

Als positive beratungsspezifische Aspekte führt Rahm u. a. an, dass in der Beratung von der Klientin häufig prägnanteres Material hervorgebracht, da sie auf eine zielorientierte Arbeit eingestellt ist und eine relativ schnelle, problemorientierte Bearbeitung ihrer Schwierigkeiten erwartet. Oft wird fokussiert an einem bestimmten Problem gearbeitet. Die Abhängigkeit der Klientin von der Beraterin kann in der Beratung geringer gehalten werden oder anders gestaltet werden, denn der Realitätsbezug bleibt hier stets gewahrt, eine vollständige Regression findet nicht statt. Dies kann sich positiv auf die Autonomie der Klientin und deren Übernahme von Verantwortung auswirken und kann zu einer Erhöhung des Selbstwertgefühls beitragen.

Auch der Widerstand der Klientin kann in der Beratung geringer sein oder eine andere Form annehmen als in der Therapie. Denn schon aufgrund des Settings, besonders aber durch das Aushandeln der Beratungsziele, bei denen es mehr um greifbare Veränderungen geht als um eine Reorganisation der Persönlichkeit, bestehen bei der Klientin weniger Abwehr und Angst vor der Auseinandersetzung mit sich selbst.

Schließlich ist es in der Beratungssituation eher als in der Therapie mit ihrem strengeren Setting möglich, das Arrangement flexibel zu gestalten, beispielsweise konkrete Unterstützung bei der Zusammenarbeit mit anderen Institutionen (etwa Gerichtsbegleitung im Rahmen eines Scheidungsverfahrens) anzubieten.[4]

Feministische psychosoziale Beratung berücksichtigt auch die gesellschaftlichen Rahmen- und Entstehungsbedingungen von Problemen und richtet sich somit explizit gegen die Individualisierung sozialer Problemlagen, gegen das »Selber-schuld-Prinzip«.

In der Beratung besteht kein Handlungsdruck. Sie können alles aussprechen, das, was Sie traurig macht, ebenso wie das, was Sie wütend macht. Sie können sich Wunschszenarien ausmalen und Sie können über das reden, was Ihnen Angst macht. Sie dürfen widersprüchliche Gefühle äußern, erzählen, warum Sie es so nicht mehr länger in Ihrer Beziehung aushalten und warum Sie gleichzeitig Angst haben, Ihren Partner zu verlieren. All diese Emotionen haben ihre Berechtigung. Sie auszudrücken macht sie bearbeitbar und ermöglicht einen erträglichen Umgang damit. Beratung unterstützt Sie bei dem, was Sie wollen.

Stecken Sie Ihre Energie nicht in das Aufrechterhalten einer schönen Fassade. Machen Sie kein Geheimnis aus Ihren Konflikten, seien es Streit, Alkohol oder Gewalt. Darüber reden hilft, und für die nötige Unterstützung durch Ihre nähere Umgebung ist es wichtig, Ihre Probleme, Ängste und Sorge zu kommunizieren. (Ver-)Schweigen schwächt, weil es Kraft kostet, während das Reden über Ihre Angst, Trauer und Wut genauso wie ein starkes, soziales Netzwerk ganz wesentlich entlasten können.

Nicht-geschlechterrollenkonformes Verhalten ist gesundheitsfördernd – für alle Geschlechter

Wir leben in widersprüchlichen Zeiten: Die Geschlechterrollen sind heute so flexibel wir noch nie – ein Mädchen kann Pilotin werden, ein Bub kann Kindergärtner werden – aber gleichzeitig bleibt die klassische Geschlechterordnung ziemlich stabil: die Vergütungsschere, der geringe Frauenanteil in Spitzenpositionen in Politik und Wirtschaft, die Verteilung von bezahlter und unbezahlter Arbeit (wer bleibt bei den Kindern zuhause?), Gewalt in der Familie, Gewalt gegen Frauen, die sexistische Bilderflut in Werbung und Medien und vieles mehr.

Es gibt also eine totale Flexibilisierung, die oft in Selbstausbeutung mündet (»Ich muss alles sein«), weil ja zu den alten Anforderungen der Zuständigkeit für Haus- und Sorgearbeit die neuen Anforderungen dazukommen: eigenständige wirtschaftliche Absicherung bis zur privaten Altersvorsorge, berufliche Karriere, Selbstverwirklichung und »ewig fit, jung, gesund und schön« zu bleiben. Das Private ist dabei durch und durch politisch geworden. Denn auch die Gefühle unterliegen einer geschlechtsspezifischen Arbeitsteilung, bei der Gefühlsarbeit immer noch Frauenarbeit zu sein scheint. Gemeint ist das Zuhören, Ernstnehmen, Ermutigen, Bestärken, und das Betreuen und Pflegen bei Krankheit. Ebenso wie bei der Beziehungsarbeit gilt meist: Es begibt sich die Frau in die Beratung, nicht der Mann, sie hat das Problem, sie fühlt sich häufig allein verantwortlich für die Beziehung und ihr Gelingen. Und der Mythos, Glück und Gesundheit seien ein Produkt persönlicher Leistung, steigert den Druck.

Dabei sind wir beständig mit einem Paradox konfrontiert: Zwar soll ich mein Leben gestalten, erfahre aber immer wieder, dass ich ganz vieles nicht in der Hand habe.

Viele Ratsuchende haben den Leitsatz verinnerlicht: »Wenn ich mich nur genug anstrenge, kann ich alles erreichen, kann erfolgreich, gesund und glücklich sein.« Ergo bin ich selbst schuld, wenn ich das alles nicht erreiche, weil ich nicht genug an mir gearbeitet habe. Geht meine Ehe in die Brüche, habe ich es nicht geschafft, sie aufrechtzuerhalten. Verliere ich meinen Job, habe ich wohl nicht genug geleistet. Das Nicht-Entsprechen dieser Erwartungen wird als persönliches Versagen erlebt: »Mit mir stimmt etwas nicht, ich schaffe das alles nicht mehr.«

Feministische Beratung bietet einen Ausweg aus dieser Vereinzelung und Schuldzuschreibung, indem sie die gesellschaftlichen Bedingungen von Leidenszuständen benennt.

Ein Phänomen in diesem Zusammenhang ist die Idee der sogenannten Work-Life-Balance, die zu meistern uns als individuelle Herausforderung suggeriert wird, wobei dem unerreichbaren Ideal der erfolgreichen Powerfrau nachzueifern, die alles schafft und souverän sämtliche widersprüchlichen Rollenanforderungen erfüllt, noch die kleinere Hürde darstellt. Viel gewichtiger wirken strukturelle Probleme, wie die gerechte Verteilung von bezahlter und unbezahlter Arbeit zwischen Männern und Frauen, die eben nicht auf der Ebene einzelner Personen zu lösen sind.

»Nie genug?«

Katja in der Onlineberatung: »*Mir kam vor einiger Zeit die Erkenntnis, dass ich nie genug bin (jedenfalls glaube ich das immer). Es müsste immer besser sein, hätte schneller gehen können, hätte noch gewissenhafter sein können ... einfach nie genug. Auch wenn ich ein Sehr-gut auf eine Prüfung bekomme oder für etwas gelobt werde, denke ich trotzdem: Nicht gut genug. Ich habe also große Probleme, zufrieden mit mir zu sein, stolz zu sein oder meine Leistung anzuerkennen. Ich zweifle sehr an mir und mich zu belohnen fällt mir schwer.*«

Dieser Leidensdruck, sich nie für gut genug zu halten, enthält im Kern die Frage: »Wie kann ich mir selbst erlauben, zufrieden mit mir zu sein, mir selbst die Anerkennung geben, gut genug zu sein?« Dabei hilft sehr, sich in der Beratung zu vergegenwärtigen, dass es sich hier um Fantasien der Perfektion handelt, die zu erfüllen gar nicht möglich sind, und stattdessen ein *menschliches* Maß an »Gut-genug« zu entwickeln. Oft wird großzügig die Leistung anderer gelobt – diese Anerkennung auch sich selbst zukommen zu lassen, kann frau lernen.

Gesellschaftliche Ansprüche und Anforderungen wie »Ich will es ja selbst, ich will entsprechen, genügen, *normal* sein, eine *richtige* Frau sein, will funktionieren, begehrt und erfolgreich sein« haben wir längst verinnerlicht, bearbeiten uns beständig selbst im Bestreben nach permanenter Selbstoptimierung am Markt der Körper und Beziehungen ebenso wie am Arbeitsmarkt (Selbstermächtigung als Selbstunterwerfung: »Du musst wollen!«). Wir selbst sind unsere strengsten Richterinnen und Antreiberinnen. Wir disziplinieren, verwalten und stilisieren uns entsprechend einer Vorstellung von menschlichem Leben als Humankapital. Manipulationen am eigenen Körper, wie Schönheits-OPs, Fitness, Diäten etc., werden im Gewand der Selbstermächtigung als

»meine freie Entscheidung, mich selbst zu optimieren«, legitimiert. Dabei begegnet mir in der Beratung sehr häufig die schmerzhafte Empfindung, »nie gut genug« zu sein, »nie gut genug« als Mutter, als Partnerin, als Berufstätige.

Feministische Beratung stellt Normalitätsmaßstäbe infrage und will Lust auf Eigen-Sinn, auf eigenwilliges Verhalten machen. Dazu braucht es die Anerkennung des eigenen Selbstwerts jenseits von Leistungs- und Erfolgskategorien.

In unseren von Ökonomisierung durchdrungenen Lebensbereichen sollen wir uns als *unternehmerisches Selbst*[5] in allen Lebenslagen kreativ, flexibel, eigenverantwortlich, risikobewusst und kundenorientiert verhalten. Angeblich haben wir den Feminismus nicht mehr nötig. Die propagierte Gleichheit der Geschlechter verschleiert die immer noch bestehenden Hierarchien. Die Soziologin Angelika Wetterer spricht hier von der bloß rhetorischen Modernisierung der Geschlechterverhältnisse.[6] Wir reden also anders, als wir handeln. Genau darum ist und bleibt die Basis feministischer Beratung eine gesellschaftskritische Haltung, die der Pathologisierung von Frauen die *Politisierung individueller Problemlagen* entgegensetzt, d. h., die eigene Lebenssituation als Teil einer bestimmten gesellschaftlichen Situation wahrzunehmen und sie damit nicht als schicksalhaft, sondern als veränderbar und gestaltbar zu begreifen.[7]

Feministische Beratung ist dementsprechend kein Rückzug in die Innerlichkeit, keine Nabelschau. Die gesellschaftlichen Bedingungen von Problemen und Erkrankungen zu benennen, kann vielmehr sehr entlastend sein und eröffnet die Möglichkeit, dem Gefühl persönlichen Versagens, der Vereinzelung und der Selbstbeschuldigung zu entkommen.

Eine feministische Haltung stellt somit auch die Dichotomie *Gesundheit – Krankheit* infrage: Wenn die Anpassung an überfordernde Verhältnisse und widersprüchliche Rollenerwartungen krank macht, dann kann Krankheit eine Verweigerung der Anpassung sein und somit ein Zeichen psychischer Gesundheit, beispielsweise wenn eine Depression die Arbeitsfähigkeit einschränkt und uns dadurch vor dem körperlichen Zusammenbruch schützt, indem sie uns zur Ruhe zwingt.

Oft zeigt sich schon in der Beschreibung von Krankheit und Erkrankungen eine Geschlechterdifferenz, etwa bei der geschlechtsspezifisch stark unterschiedlichen Diagnosehäufigkeit von Depression, Angst- und Suchterkrankungen sowie bei psychosomatischen Phänomenen, die wesentlich häufiger bei Frauen verortet werden. Gleichzeitig weisen diese geschlechtsspezifischen Krankheitsformen auf das Leiden an Geschlechternormen hin und darauf, welches kritische Potenzial darin steckt.[8] Beispielsweise sind häufig Gewalterlebnisse (Bedrohung, Einschüchterung) und Entwertungserfahrungen (Mit-)Ursachen für Depressionen und Angststörungen – wenn wir diese Bedingungen mitdenken, werden wir hellhörig für die unterschiedlichen Lebenswelten von Frauen und Männern.

Wenn uns aber bewusst wird, wie gesellschaftliche Strukturen als Ursache für Überforderung und Krankheit wirken, eröffnet uns das neue Perspektiven auf die eigene Handlungsfähigkeit und neue Möglichkeiten, Weiblichkeit und Männlichkeit zu gestalten. Denn auch das Konzept hegemonialer Männlichkeit macht krank. Hier zielt die männliche Sozialisation auf Härte, Unverwundbarkeit, Unempfindlichkeit gegenüber Schmerzen und auf instrumentellen Körpereinsatz. Aus diesem Männlichkeitsbild ergibt sich ein Tabu, Hilfe zu suchen. Mann muss immer alles im Griff haben, kennt keinen Schmerz, beißt die Zähne zusammen und macht die Dinge mit sich selbst aus. Der Körper hat zu funktionieren. Männer gehen oft seltener und später zu Ärzt*innen, leben risikoreicher (z. B. beim Sport, beim Autofahren, bei Alkoholkonsum und Ernährung) und sterben früher als Frauen.

Die Erkenntnis, dass wir Weiblichkeit und Männlichkeit permanent im Alltagshandeln herstellen, kann uns die erweiterten Handlungsspielräume sehen lassen, die sich zwischen Anpassung, Verweigerung und Neuinterpretation von Geschlechternormen – bis hin zur Parodie eröffnen.

Genderspezifisches Wissen und genderkritische Kompetenz sollten deshalb viel präsenter in die psychotherapeutischen und medizinischen Ausbildungen integriert werden. Denn der Körper als Austragungsort gesellschaftlicher Machtverhältnisse ist auch für die Medizin eine sehr relevante, aber bisher vernachlässigte Perspektive. Hier ist es an der Zeit, auch die gesellschaftlichen und kulturellen Entstehungsbedingungen von Erkrankungen in das schulmedizinische Modell einzubinden und die individuum- und familienzentrierten Therapiekonzepte um die soziale Dimension der Normen von Gesundheit und Krankheit, Weiblichkeit und Männlichkeit zu erweitern.

Dabei muss sich feministische Beratung stets des Risikos bewusst sein, als Instrument der Krisenentschärfung und permanenter Selbstoptimierung vereinnahmt zu werden. Die beraterische Haltung muss kritisch bleiben gegenüber den aktuellen Ansprüchen an Flexibilität, Selbstvermarktung, Geschwindigkeit und Effizienz, auch und gerade dann, wenn viele Klientinnen mit dem Anspruch kommen, möglichst schnell wieder zu »funktionieren«.

Feministische Parteilichkeit

Parteilichkeit bedeutet eine bewusste und explizite Positionierung, denn jedes Wissen ist situiert durch die Position der Sprechenden: Wie nehme ich wahr, wie bewerte ich?

Es gibt keinen Blick von einer Position *außerhalb* des Systems, darum ist es notwendig, den eigenen Forschungshintergrund und das eigene Forschungsinteresse offenzulegen. Mit der Behauptung der Objektivität oder Neutralität wird dagegen häufig eine Minderheitsposition als universal gültig zu zementieren und die tatsächlichen Interessen zu verschleiern versucht. So wurde in der westlichen Philosophiegeschichte über lange Zeit Mann mit Mensch gleichgesetzt, und Olympe de Gouges[9] wurde sogar für die Verfassung ihrer *Déclaration des droits de la femme et de la citoyenne* geköpft. Auch in der aktuellen Kritik an gendergerechter Sprache soll das »generische Maskulinum« alle/s umfassen und mitmeinen, was aber nun mal nicht der Fall ist. Denn Sprache schafft Wirklichkeit. Im Sprechen, Benennen oder Verschweigen bringen wir eine bestimmte soziale Realität hervor. Darum ist es auch so wichtig, Frauen zu benennen und sie nicht hinter angeblich allgemeinen, tatsächlich jedoch männlichen Bezeichnungen sprachlich verschwinden zu lassen. Ich bin als Frau weder angesprochen noch mitgemeint, wenn ich von Bürgern, Professoren und Präsidenten lese, wohl aber als Frau sichtbar, wenn von BürgermeisterInnen, Pilot*innen und Nobelpreisträger/innen berichtet wird.

»Nichts wird als so unwesentlich bezeichnet und gleichzeitig so erbittert bekämpft wie geschlechtergerechte Sprache«.[10] Der Sprache als dem Transportmittel gesellschaftlicher Werte und Normen kommt große Bedeutung zu, da sie auf unbewusster Ebene unsere Geisteshaltung formt. Die Schweizer Linguistin Senta Trömel-Plötz[11] hat sich genau damit beschäftigt. Sie definiert Sprache als sexistisch, wenn sie

- Frauen und ihre Leistung unsichtbar macht und ignoriert, was zum Beispiel durch die Verwendung von männlichen Bezeichnungen für Frauen geschieht. So kann etwa »100 Lehrer« auch »99 Lehrerinnen und 1 Lehrer« meinen.
- Frauen vorwiegend in Abhängigkeit von und in Unterordnung zu Männern beschreibt.
- Frauen nur in stereotypen Rollen zeigt und ihnen so über das Rollenstereotyp hinausgehende Interessen und Fähigkeiten abspricht.
- Frauen demütigt und lächerlich macht.

Wie machtvoll Sprache z. B. auch in Hinblick auf Berufswahl ist, zeigt eine Studie von Dries Vervecken und Bettina Hannover von 2015[12]: Darin konnte nachgewiesen werden, dass Kinder Berufe anders bewerten, je nachdem, ob nur männliche oder auch weibliche Berufsbezeichnungen verwendet wurden. Wird nur von »Astronauten, Ingenieuren und Feuerwehrmännern« gesprochen, trauen sich Mädchen und junge Frauen nachgewiesenermaßen weniger zu, diesen Beruf ausüben zu können. Interessanterweise trifft dies auch für Jungen zu. Die explizite Erwähnung beider Geschlechter – also z. B. von »Ärztinnen und Ärzten« – trägt andererseits dazu bei, dass im Gedächtnis Informationen aktiviert werden, die auf die bezeichnete Personengruppe zutreffen. In diesem Fall sehen wir mental also tatsächlich Frauen *und* Männer in weißen Kitteln vor uns. Allerdings wird der so bezeichnete Beruf von den in der Studie befragten Kindern dann auch als leichter erlernbar und weniger prestigeträchtig – also z. B. auch als weniger gut bezahlt – eingeschätzt, was auch der Realität entspricht. Die Studie zeigt also, dass schon kleine Kinder die sprachlich transportierten Geschlechterstereotype in unserer Gesellschaft verinnerlicht haben.[13]

Lernen, sich neu zu erzählen

In der Beratung bietet sich die Möglichkeit, die eigene Geschichte zur Sprache zu bringen, über sich selbst anders als bisher zu erzählen und über die sich wandelnden Vorstellungen vom Frau-Sein und vom Mann-Sein, oder vielleicht vom spannenden Bereich dazwischen. Wie hat sich im Laufe der Zeit mein Verständnis von Familie, Partnerschaft, Ehe, Muttersein, Vatersein, idealer Beziehung verändert, welche neuen Bedeutungen kann ich für mich entwickeln?

Hier schafft eine offene Haltung einen befreiten Blick auf alternative Lebensentwürfe. Es gibt nicht die eine Wahrheit, wie Frauen und Männer zu sein haben, sondern wir bringen Männlichkeit und Weiblichkeit beständig in sozialer Interaktion miteinander hervor. Geschlecht ist somit immer in Bewegung und könnte jeweils auch anders gelebt werden. Diese Instabilität und Uneindeutigkeit kann Angst machen, kann aber auch vielfältige neue Gestaltungsmöglichkeiten hervorbringen.

»Lernen, sich zu erzählen, bedeutet auch: lernen, sich *anders* zu erzählen«[14], also auch immer wieder die Identitäten als Frau in unterschiedlichen Lebensbereichen und -phasen neu zu konstruieren, etwa die der heilen Zwei-Eltern-Kind-Familie nach einer schmerzhaften Trennung neu zu erzählen, oder wenn Ihre Identität durch einen unerfüllten Kinderwunsch infrage gestellt wird und Sie auf der Suche nach alternativen Lebensentwürfen sind.

Wer bestimmt hier die Norm? Und wie müsste das Ideal aussehen, damit es für Sie richtig und gut lebbar ist?

Lassen wir uns nicht einschränken von unrealistischen Idealvorstellungen, wie es angeblich zu sein hat. Die Pole *Männlich* und *Weiblich* in Bewegung zu bringen und die Vielfalt des Seins zuzulassen, kann einen Freiheitsgewinn für alle bedeuten. Dies anzuerkennen und sich im beraterischen Prozess darauf einzulassen, ist Kennzeichen feministischer Beratung. Nicht an das Entweder-oder, sondern an Vielfalt knüpfen auch die queeren Konzepte an, die die vielfältigen und wandelbaren Kombinationsmöglichkeiten von körperlichem und sozialem Geschlecht und sexueller Orientierung in den Mittelpunkt stellen. Von dem einen Feminismus zu sprechen greift deshalb zu kurz. Es geht vielmehr um Pluralität in Theorie und Praxis. Und es gibt viele unterschiedliche feministische Konzepte und Strategien. Gleichzeitig sind Eindeutigkeit und klare Forderungen nötig, um eine solidarische Bündnispolitik zu ermöglichen, die die entsprechende politische Wirksamkeit entfalten kann.

Ein Appell an Berater*innen

Als Berater*innen müssen wir die Frage nach unserer gesellschaftlichen Verantwortung stellen. Was könnte ein gesellschaftspolitischer Auftrag von Beratung sein? Welche Funktion soll Beratung erfüllen? Soll sie fit fürs Hamsterrad machen, möglichst schnell wieder Job-ready? Oder soll sie nicht viel eher Perspektiven für ein gutes Leben eröffnen?

Meiner Ansicht nach ist es ganz entscheidend, in Beratung und Therapie eine gesellschaftskritische Haltung zu bewahren, auch und gerade gegenüber neuen Normierungen wie der beständigen Selbstverbesserung.[15]

Berater*innen haben die Verantwortung, soziale Strukturen und deren Folgen für die psychische Gesundheit von Frauen und Männern zu reflektieren und in ihrer Arbeit mitzudenken. Feminismen haben einen gesellschaftlichen Veränderungsanspruch, den sie durch die Verknüpfung von individueller und gesellschaftlicher Emanzipation verwirklichen wollen. Stark formuliert: nicht nur die Überwindung patriarchaler Verhältnisse, sondern die Beseitigung aller Formen von Diskriminierung. Ziel feministischer Beratung können darum nicht die bloße Symptombeseitigung und das Funktionieren im bestehenden System sein, sondern ein Öffnen und Erweitern von Lebens- und Handlungsmöglichkeiten.

Wir alle sind männlich oder weiblich sozialisiert, wir alle haben diese Konstrukte und Bewertungen in unseren Köpfen und bringen sie in die Arbeit mit. Je bewusster wir Berater*innen uns dessen sind, desto weniger werden wir diese geschlechtsspezifischen Bewertungen den Ratsuchenden überstülpen, desto freier werden wir im gemeinsamen Denken und Wahrnehmen.

Gefordert ist darum von uns Therapeut*innen und Berater*innen die Selbstreflexion unserer eigenen normativen Konzepte von Männlichkeit und Weiblichkeit und dass wir unsere impliziten normativen Vorstellungen davon, was eine Frau oder einen Mann ausmacht, explizit zur Sprache bringen und damit verhandelbar machen. Mehr Wissen und Bewusstsein darüber, wie wir Weiblichkeit und Männlichkeit im Alltag produzieren, erweitert unsere Handlungsfähigkeit – als Klient*innen ebenso wie als Berater*innen. In dem Bewusstsein, dass jede*r von uns Weiblichkeit und Männlichkeit herstellt, wird sich dieses Produzieren verändern und selbstbestimmter denkbar werden als bisher. Nicht selten wird dabei das Dazwischen als ein Mehrwert erkannt, mit dem sich die traditionellen Reduktionen von Weiblichkeit und Männlichkeit erweitern und lebendiger und vielfältiger gestalten lassen.

Aus der Feststellung »So ist es!« erwächst als befreiendes Potenzial die Frage »Könnte es auch anders sein, und wenn ja, wie?«, das wiederum die Sicht für neue Möglichkeiten eines guten Lebens eröffnet. Hier ist neben Mut auch Fantasie gefragt, visionäres Schauen als kreative Kraft des Immer-wieder-neu-Beginnens.

DIE PRINZIPIEN FEMINISTISCHER BERATUNG AM BEISPIEL FRAUEN* BERATEN FRAUEN*

Der Frauenraum bietet einen geschützten Rahmen zur Aufarbeitung von entmutigenden, verletzenden oder kränkenden Erfahrungen wie z. B. erlebter Gewalt und schafft unterstützende Frauen-Netzwerke durch Bezogenheit aufeinander. Unserer antihierarchischen Beratungshaltung entsprechend ist die Klientin selbst die Spezialistin für ihre Situation, und es geht um die Förderung ihrer Autonomie.

- Ganzheitlichkeit: Die einzelne Frau wird in ihrer psychischen, physischen und sozialen Dimension wahrgenommen, und neben der individuellen Lebensgeschichte werden auch die gesellschaftliche Situation und die geschlechtsspezifische Sozialisation berücksichtigt. Wir definieren Frauen nicht über ihre Funktionen als Mutter, Ehefrau, Arbeitnehmerin etc., sondern sehen sie in ihrem gesamten weiblichen Lebenszusammenhang.

- Multiperspektivität: Unsere interdisziplinäre Zusammenarbeit im psychosozialen, rechtlichen und gesundheitlichen Bereich bietet ein breites Spektrum an Informations- und Unterstützungsmöglichkeiten.

- Frauenzentriertheit: Die Beraterin steht auf der Seite der Klientin, unterstützt sie beim Erkennen und Durchsetzen ihrer Bedürfnisse und bezieht die gesellschaftlich bedingte Diskriminierung von Frauen aufgrund ihres Geschlechts mit ein.

- Anonymität, Vertraulichkeit, Freiwilligkeit: Für die Beratung ist keine Angabe von persönlichen Daten erforderlich. Wir geben keine Informationen weiter, außer auf Wunsch der Klientin. Die Frauen kommen freiwillig zur Beratung. Unser Ziel ist: Frauen in dem, was sie wollen, zu unterstützen.

- Empowerment – Autonomie – Selbstbestimmung: Wir bieten Hilfe zur Selbsthilfe und bestärken Frauen in ihrer eigenständigen Erkenntnis- und Handlungsfähigkeit.

Warum »Frauen beraten Frauen«? Frauen verstehen und kommunizieren frauenspezifische Erfahrungen anders und besser. Insbesondere bei sexueller Gewalt kann wahrscheinlich nur eine Frau verstehen, was dies für eine Frau bedeutet und was dies mit ihr macht.

Eine Frau als Beraterin kann als positive weibliche Identifikationsfigur erlebt werden, deren empathische, unterstützende, aber auch kritische Haltung von der Klientin besser genützt werden kann als die Beratung durch einen Mann.

Die Arbeit von »Frauen* beraten Frauen*« hat darüber hinaus eine politische Bedeutung. Es ist ein öffentlicher Frauenraum, der

- Raum bietet für die Auseinandersetzung über Gemeinsamkeiten aufgrund des Geschlechts (Geschichte, Sozialisation, Erfahrungen), aber auch über Unterschiede,
- ein schützender Ort zur Aufarbeitung von Gewalterfahrungen ist,
- unterstützende Netzwerke zwischen Frauen durch Bezogenheit aufeinander ermöglicht und Solidarität schaffen kann und
- als Treffpunkt für Frauen dient, um der Vereinzelung und Isolierung entgegenzuwirken.

In diesem frauenorientierten kulturellen Raum fällt es Frauen leichter, ihre spezifischen kommunikativen Fähigkeiten zu entwickeln als in gemischtgeschlechtlichen Gruppen. Allerdings ist Frau-Sein allein kein Programm. Einer Auseinandersetzung mit Themen, die Frauen in besonderer Weise betreffen, wie etwa Gewalt im sozialen Nahraum, sollen sich auch Männer stellen können. Das Wissen über die Folgen von Gewalt und die Einstellung gegenüber Gewalt sind nicht geschlechtergebunden.

Als Frau in dieser Gesellschaft zu leben und sich als Frau in Beziehungen zu bewegen, sind Erfahrungen, die nun mal Frauen vorbehalten sind. Es ist jedoch keine Voraussetzung für gute Beratung, die gleiche Erfahrung wie die ratsuchende Person gemacht zu haben, weil es nicht um die individuellen Erfahrungen der beratenden Person geht. Im Gegenteil. So können die Differenzen zwischen Frauen durchaus größer sein als in einem gemischtgeschlechtlichen Berater-Klientin-Verhältnis.

Viel wesentlicher sind Offenheit, empathisches und wertschätzendes Verstehen, ein Gegenüber, das unvoreingenommen zuhört und unterstützende Fragen stellt. In diesem Sinne ist eine feministische Beratung auch durch einen Mann denkbar, der sein Denken und Handeln nicht mehr von traditionellen Männlichkeitsnormen bestimmen lässt.

Empowerment und Autonomie

Empowerment bedeutet Selbstermächtigung, Hilfe zur Selbsthilfe, Unterstützung durch Wertschätzung, Respekt und Vertrauen, die eigenen Stärken und Ressourcen wahrzunehmen und für sich zu nutzen. Die Ratsuchende soll in der Beratung in ihrer autonomen Erkenntnis- und Handlungsfähigkeit bestärkt werden. Ziel ist es, die Klientin zu motivieren, selbst aktiv an der Lösung ihrer Probleme zu arbeiten, um selbstbestimmt und selbstverantwortlich, zum Beispiel bei der Verwaltung des gemeinsamen Geldes, entscheiden und handeln zu können.

Frauenzentriert beraten impliziert, der Selbst- und Fremdentwertung entgegenzuwirken und die Ratsuchende in ihrem Selbstvertrauen zu bestärken, ihr Selbstsicherheit zu vermitteln, damit sie die größtmöglichen Entfaltungsspielräume für sich selbst entwickeln kann. Feministische Beratung arbeitet dabei ressourcenorientiert, um die eigene Kreativität für Lösungsmöglichkeiten nutzbar zu machen. Ganz wesentlich ist dabei eine antihierarchische Haltung der Beraterin: Jede Frau ist selbst die Expertin für ihr Leben.

»Was tragen Sie dazu bei, diese Situation aufrechtzuerhalten, was ist Ihr Anteil dabei?«, »Wie könnten Sie das verändern, was würden Sie dazu an Unterstützung brauchen?« – Fragen wie diese können durch den Perspektivenwechsel bewirken, eine passive Haltung in eine aktive umzuwandeln, und so befähigen, eigene Vorstellungen und Ziele zu entwickeln und sich der eigenen Gestaltungsfähigkeit konkreter bewusst zu werden.

Ganzheitlich – multiperspektiv – interdisziplinär

Die Ratsuchende wird in der feministischen Beratung als Frau in ihrer psychischen, körperlichen und sozialen Dimension wahrgenommen, und die Zusammenhänge und Wechselwirkungen dieser Bereiche – auch hinsichtlich der ökonomischen Situation – werden thematisiert. Es findet keine Definition über einzelne Funktionen (Mutter, Ehefrau, Arbeitnehmerin etc.) statt. Im Fokus steht immer der gesamte weibliche Lebenszusammenhang, in den strukturelle Benachteiligungen von Frauen und das Machtungleichgewicht zwischen den Geschlechtern, wie Lohnschere, Doppel- und Mehrfachbelastungen, Verteilung unbezahlter Arbeit, Hindernisse in Bildung und Beruf und Gewalt miteinbezogen werden. Denn nicht Sie sind defizitär, sondern die gesellschaftlichen Rahmenbedingungen. Und die daraus entstehenden Konflikte bilden sich bis tief in die privatesten Liebesbeziehungen ab.

Keines dieser Probleme ist eine ausschließlich individuelle Angelegenheit, sondern immer Teil gesellschaftlicher Verhältnisse. Und es sind nicht die Frauen, die sich ändern müssen, sondern das System.

Mit der Erkenntnis, nicht die Einzige zu sein, die damit Probleme hat, lassen sich über Vernetzung und Austausch Strategien für einen kreativen Umgang mit Schwierigkeiten entwickeln, mit dem Fokus: »Es muss nicht so bleiben, es kann auch ganz anders sein!«

Differenzierte Parteilichkeit

Als Ratsuchende behalten Sie die Definitionshoheit, was Ihr Problem ist. Die Beraterin drängt Sie zu nichts und unternimmt nichts gegen Ihren Willen oder ohne Ihr Wissen. Denn parteiliche Beratung ist ein politisches Konzept, das auf einer kritischen gesellschaftspolitischen Grundhaltung basiert, die Ratsuchende dabei unterstützt, ihre Rechte einzufordern und wahrzunehmen. Die Beraterin steht auf der Seite der Ratsuchenden und berücksichtigt, was es heißt, als Frau in dieser Gesellschaft zu leben. Parteiliche Beratung richtet sich auch gegen Verhältnisse, die Frauen und Mädchen in ihren Rechten beschneiden und ihre Möglichkeiten auf Selbstbestimmung einschränken.

Das können

- individuelle Aspekte sein, z. B. negative Selbstzuschreibungen, eigene restriktive Rollenvorstellungen,
- persönliche, belastende Paar- oder Familienbeziehungen oder auch Arbeitsorganisationsformen oder
- einschränkende soziale und materielle Bedingungen, z. B. schlechtere Bezahlung, oder die »gläserne Decke« (unausgesprochenen Bedingungen, die Frauen am Karriereaufstieg hindern, etwa das Stereotyp, sie würden ohnehin immer die Familie an die erste Stelle setzen und gar nicht führen können oder wollen) oder patriarchale Gesellschaftsstrukturen mit struktureller Gewalt.

Der Begriff *Parteilichkeit* wurde von Feministinnen als Gegenbegriff zur scheinbar unparteilichen Haltung entwickelt, die den Mann als Norm setzt und die Frau als »das Andere/Besondere« definiert. Ein Beispiel: Der *Double Standard*[16] für Männer und Frauen wurde 1970 von Broverman in der psychiatrischen Diagnostik nachgewiesen und ist bis heute in vielen Bereichen unserer Gesellschaft wirksam. Der Mann wird als Norm gesetzt, die Frau als ihre Abweichung – beide mit den jeweils hegemonialen Geschlechterrollenklischees. Der psychisch gesunde Mann soll rational, gelassen, objektiv, wenig beeinflussbar, in sich selbst ruhend, selbstbewusst, unabhängig, konkurrierend und dominant sein. Das komplementäre Bild einer »normalen« Frau entspricht somit in Eigenschaften und Verhalten dem Bild des kranken, defizitären Mannes: sehr emotional bis irrational, subjektiv, auf ihr Äußeres konzentriert, passiv, nicht-konkurrierend, unterwürfig, abhängig, leicht beeinflussbar.

Für eine Frau entsteht somit ein unauflösbares Double Bind: Will sie als weiblich gelten, muss sie von der (männlichen) Norm abweichend dem (defizitären) Anderen entsprechen. Verhält sie sich aber wie ein psychisch gesunder Mann, wird dies ebenfalls negativ bewertet, da diese Eigenschaften nicht dem komplementären Bild einer »normalen« Frau entsprechen. Denn in einer androzentrischen Weltsicht können dieselben Verhaltensweisen, denen zufolge ein Mann als karriereorientierter Mitarbeiter gilt, bei einer Frau als aggressiv fordernd gewertet werden.

Aus diesem Doppelstandard der geschlechtsspezifischen Bewertung von Eigenschaften und Verhaltensweisen resultiert auch die geschlechtsspezifisch unterschiedliche Legitimität von Symptomen (Depression, Alkoholismus etc.).

Eine (nicht-feministische) Beratung, die die unterschiedlichen Lebensbedingungen und das Machtungleichgewicht zwischen Frauen und Männern unberücksichtigt lässt, gibt nur vor, objektiv und wertneutral zu sein. So zu tun, als wäre Geschlecht kein diskriminierendes Merkmal mehr in unserer Gesellschaft, ist realitätsfern und bestätigt die bestehenden Strukturen. Dieses Ausblenden von Lebenswirklichkeiten verhindert zudem jene Erkenntnisprozesse, die notwendig sind, um eigene Handlungsmacht zu generieren, um die problematische Vereinzelung – »Ich genüge nicht, ich hab's nicht geschafft, ich bin daran gescheitert« – aufzulösen und Konflikte ursächlich anzugehen.

Im feministischen Aspekt der Beratung wird diese eingeschränkte Sichtweise aufgehoben und die Ausprägungen struktureller Gewalt und ihre Auswirkungen auf die einzelne Frau und ihre Beziehungen nicht durch realitätsverzerrende Annahmen wie »Eine Frau, die geschlagen wird, kann sich ja jederzeit trennen« oder »Frauen haben in unserer Gesellschaft genau dieselben Chancen am Arbeitsmarkt wie Männer« verschleiert.

Hier ist Parteilichkeit auch mehr als eine bloße Anwaltschaft. Vielmehr ist sie eine herrschaftskritische Position, die die Machtverhältnisse thematisiert. Und eine parteiliche Beraterin, die Ihnen als Ratsuchende die Definitionshoheit über Ihr Problem lässt, wird Sie immer darin bestärken, Ihr Anliegen so zur Sprache zu bringen, wie Sie es selbst wahrnehmen und erleben. Insbesondere bei Gewalterfahrung durch den Partner kann diese klare parteiliche Haltung sehr entlastend wirken, indem sie den Rechtfertigungsdruck mit den damit einhergehenden Selbstbeschuldigungen – wie »Was habe ich getan / nicht getan, dass es dazu gekommen ist?« – nimmt.

Eine Grundbedingung für den Dialog in der feministischen Beratung lautet: Respektieren, nicht missionieren. Im Fokus steht immer das Ziel, ratsuchende Frauen zu befähigen, ihre eigenen Bedürfnisse und Ressourcen zu erkennen, und sie in ihren Fähigkeiten zu bestärken, ihr Leben nach den eigenen Vorstellungen zu gestalten. Die Werte der Ratsuchenden sind von der Beraterin zu respektieren und anzuerkennen, auch wenn sie den eigenen nicht entsprechen. Denn die Beratung zielt nicht darauf ab, Sie als Frau an gesellschaftskonforme oder feministische Normen anzupassen.

Reflektierte und differenzierte Parteilichkeit beinhaltet auch, ein glaubwürdiges und bei Bedarf kritisches Gegenüber für die Ratsuchende zu sein, z. B. wenn Ziele wie etwa »Wie kann ich in dieser Gewaltbeziehung weiter durchhalten?« formuliert werden, die keinen neuen Blickwinkel ermöglichen.

Problematisch kann Parteilichkeit werden, wenn die Gewalt von Frauen ausgeht, bei Mittäterschaft oder Diskriminierung von Frauen untereinander oder bei Anliegen von Frauen, mit denen sie sich selbst schaden, z. B. durch selbstverletzendes Verhalten im weitesten Sinne, wie Körpermanipulationen durch unsinnige Diäten, kosmetische Operationen etc. Oder wenn sich die Anliegen gegen die Rechte anderer wenden, z. B. bei Rassismus, oder wenn die Werthaltungen von Ratsuchender und Beraterin nicht miteinander vereinbar sind, z. B. konservatives vs. emanzipiertes Frauenbild oder beim Thema Schwangerschaftsabbruch.

»Naming the norm« – Feministische Paarberatung

Viele im klassischen Sinn *männlich* sozialisierte Männer halten ihre Sichtweise für die grundsätzlich richtige und maßgebliche. Vor diesem kulturellen Hintergrund wird auch verständlich, warum Männer häufig das viele Reden über die Beziehung abwertend als unproduktiv, sinnlos und nervig abtun: Wenn männliche Identität mit Wissen, Kompetenz und Rechthaben verknüpft ist, dann erzeugen abweichende Erfahrungen, die zwangsläufig durch partnerschaftliche Gespräche entstehen, Irritationen und Ablehnung, weil ein Verlust von vertrauten Privilegien riskiert wird.

Die eigenen (männlichen) Erfahrungen sollen nicht hinterfragt werden. Sie stellen die Norm(alität) dar. Das Sich-Erklären und Verstanden-werden-Wollen werden als ein Bedürfnis von Schwächeren gewertet.

Dieses Festhalten an patriarchalen Privilegien macht es manchen Männern schier unerträglich, mit Kritik konfrontiert zu werden. Sie hören nicht, dass es ein bestimmtes Verhalten ist, das die Partnerin stört, sondern fühlen sich als gesamte Person kritisiert und infrage gestellt. Diese Generalisierungstendenz bei Kritik weg vom Verhalten hin zur ganzen Person zeigt sich nach meiner Erfahrung mehrheitlich bei Männern und weist auf ein Machtverständnis hin, bei dem nur einer Seite das Recht auf Kritik zusteht, der anderen nicht. Das führt dann dazu, dass der Partnerin unterstellt wird, sie würde einen verändern wollen. Die mitunter enorme Entrüstung und Empörung darüber sorgt dann z. B. in der Paarberatung dafür, dass Mann sich mehr damit beschäftigt als mit dem kritisierten Verhalten.

Rückzug ist eine weitere Strategie, mit der Kritik am eigenen Verhalten oder der eigenen Einstellung abgewehrt wird. Eine Bedingung für eine gelingende Paarbeziehungen ist es aber, dass man(n) sich von der*dem Partner*in beeinflussen lässt, was Männern wesentlich schwerer zu fallen scheint.

Wahrnehmungen, Interpretationen und Wertungen der Berater*innen erzeugen die Realitäten der Ratsuchenden mit, auch und gerade die impliziten und unbewussten Bewertungen. Daraus entsteht eine besondere Verantwortung, wie Weiblichkeit und Männlichkeit im Beratungssetting präsentiert und gedeutet wird: einschränkend-geschlossen oder emanzipatorisch-offen.

Die machtvolle Wirkung genderbezogener Überzeugungen und Glaubenssätze aufzudecken ist ein wichtiger Teil der Beratungsarbeit. Dazu gehören auch die Überzeugungen und Glaubenssätze, was eine gute Mutter / einen guten Vater ausmacht.

Ein Klient, der den Satz »Trau keiner Frau!« aus seinem sozialen Umfeld übernommen hat, kann so entdecken und zu verstehen beginnen, wie negativ sich dieser Satz auf die eigene Beziehung auswirkt und wie wenig er mit der Realität übereinstimmt. Er kann erkennen, wie sehr seine Eifersucht und Aggressivität die Partnerin einschüchtern, sie beeinflussen und genau zu dem Verhalten zwingen, das sein Misstrauen bestätigt: Rückzug und aus Angst vor seinen Reaktionen nicht alles sagen.

In diesem Lernprozess kann er erfahren, dass sein sichtbares Bemühen, ihr zu vertrauen, dazu beiträgt, dass sie offener und selbstbewusster zeigen kann, was sie will und nicht will, was wiederum ihm ermöglicht, ihr mehr zu vertrauen.[17]

In einer befreienden Beratungspraxis können im Dialog alternative Geschichten, Praktiken und Identitäten entwickelt werden. Ein Weg dahin führt über das Aufspüren des »Abwesenden«, aber Impliziten, des »Noch-nicht-zum-Ausdruck-Gebrachten«, das in der Luft liegt, etwa wenn eine Klage eine Sehnsucht beinhaltet, die es aufzuspüren gilt. Beklagt z. B. ein Mann, er könne nichts tun, wenn es seiner Frau schlecht geht, dann befindet er sich in einem *Helfen-durch-Tun*-Modus, der von der Partnerin vermutlich nicht als einfühlsam wahrgenommen wird. Wenn dieses Verhalten aber übersetzt werden kann als Ausdruck des Bedürfnisses, Mitgefühl zu zeigen, dann verändert das höchstwahrscheinlich die Bedeutung.

Weitere einschränkende Effekte dieser symbolischen Geschlechterordnung werden meist dann sichtbar, wenn bestimmte Zuschreibungen nicht hinterfragt werden dürfen, z. B. wenn Mutigsein oder Wütendsein nicht in das eigene Selbstbild passt oder die Vorstellung, eigene Bedürfnisse zu haben, nicht mit dem Selbstbild als Mutter übereinstimmt.

Normalität ist uns selbstverständlich und bleibt deshalb meist unsichtbar und unhinterfragt, als wäre nichts anderes denkbar. Insbesondere wenn diese Normalität eine patriarchale ist, dann bedarf es der Auseinandersetzung mit herrschenden gesellschaftlichen Verhältnissen und den eigenen Verstrickungen darin – auch wenn wir uns als »modern« und »offen« erleben. Wie der Beratungsraum ist auch die Beziehung ein Spiegel der gesellschaftlichen Diskurse. Um bestimmte Geschlechterrollen nicht als selbstverständlich oder gar notwendig hinzunehmen und um die Möglichkeitsräume um uns herum überhaupt wahrzunehmen, braucht es viel kritische (Selbst-)Reflexion, auch von den Berater*innen.

Gemäß dem Soziologen Jean-Claude Kaufmann und seinem Beispiel vom Wäschewaschen liegt in jeder Geste die ganze Gesellschaft.[18] Geschlechterstereotype zeigen sich eben auch in Gestik und Mimik, Tonfall und Schweigen. Sie zu erkennen und zu benennen ermöglicht, freier und selbstbestimmter zu gestalten.

ÜBER BEZIEHUNGEN UND TRENNUNGEN

»hier soll von gefühlen die rede sein, nicht aber von tatsachen. [...]
brigitte macht keine tatsachen, die tatsachen brechen über sie herein.
brigitte macht jetzt einen pullover für heinz.
der pullover geht nur langsam vorwärts, weil brigitte ihre arbeitszeit für die arbeit und ihre freizeit für die überwachung, wartung und sexuelle betreuung von heinz aufwenden muss. [...]
brigittes herz hat gesprochen, es hat heinz gesagt.
brigitte folgt diesem herzen, wohin es sie führt, nämlich zu heinz.«
Elfriede Jelinek: Die Liebhaberinnen

»Im Grunde ist er ja ein guter Mensch, liebt er mich ja – wenn nur ...«

Mädchen lernen, ihren Wert als Person von der Qualität der Sorge um andere abhängig zu machen und begründen ihre Identität auf der Fähigkeit, Beziehungen herzustellen und aufrechtzuerhalten. Mädchen bleiben für die Entwicklung ihres Selbstwertgefühls anfälliger für Liebesverlust als Buben, deren Ich-Abgrenzung und deren Gefühl für die eigene Unabhängigkeit eher gefördert wird. Autonomie ist in unserer Kultur ein männlich konnotiertes Ideal. Bindung und Fürsorge sind symbolisch weiblich besetzt. Diese symbolische Ordnung macht es beiden Geschlechtern schwer, die jeweils andere, entgegengesetzte Qualität zu entwickeln. Emotionale Bindungen bilden somit auch für erwachsene Frauen die primäre Basis für das Urteil über den eigenen Selbstwert. Wenn der Verlust des Partners den potenziellen Verlust der eigenen Identität und des Selbstwerts bedeutet, wird eine Trennung als extrem bedrohlich erlebt. Hier kann feministische Beratung ansetzen, destruktive innere Aufträge und Geschlechterrollenmodelle bewusstzumachen, die hinter Glaubenssätzen wie »Wahre Liebe muss alles ertragen«, »Im Grunde ist er ja ein guter Mensch, liebt er mich ja – wenn nur der Alkohol nicht wäre, seine schlechte Kindheit, seine Depressionen ...« oder »Eine gute Mutter trennt sich nicht« stehen.

Der weibliche Wert des Ertragens wird oft über Generationen hinweg als Auftrag weitergegeben: funktionieren, allen Erwartungen entsprechen, alle Ansprüche erfüllen wollen – auch wenn diese noch so absurd, widersprüchlich und krankmachend sind.

Viele Frauen sind so darauf konzentriert, herauszufinden, wie sie den Wünschen Ihres Partners[19] entsprechen können, dass sie völlig vergessen, sich zu fragen, was sie eigentlich selbst wollen. Oft löst in der Beratung die Frage nach den eigenen Vorstellungen Erstaunen aus: »Wollen Sie mit einem Menschen, der Sie so behandelt, zusammen sein?«

Um sich aus der Spirale der Fremdbestimmung – »Er will, er sagt, er meint ...« und »Ich genüge ihm nicht« – zu lösen, ist es notwendig, ganz bewusst ICH-Sätze zu formulieren: »Ich will ...«, »Ich meine ...«, »Ich brauche ...«

Das soziale Netzwerk hat für die Entscheidung zur Trennung und deren Bewältigung ganz wesentliche Bedeutung. Es kann unterstützend wirken, oder es kann ausbremsen mit Vorhaltungen wie »Ich hab's dir ja gleich gesagt«, »Das muss eine Frau schon aushalten, das haben wir alle ausgehalten«, »Du bist verantwortlich für den Zusammenhalt der Familie, du bist schuld, wenn's zum Streit kommt, provozier' ihn nicht, halt dich zurück«.

Sie sind aber viel stärker, als Sie denken! Feministische Beratung kann Ihnen dabei helfen, Ihre eigenen Stärken wahrzunehmen und zu nützen!

Das Projekt »Ich ändere meinen Mann!« Vom stellvertretenden Leben

»Er schien zu wissen, was er wollte. Und sie wollte werden, was er wollte.«
Mareike Fallwickl: Dunkelgrün, fast schwarz

Carina, Mutter von zwei kleinen Kindern: *»Was belastet mich an seinem Verhalten? Er ist wie ein kleines Kind, das fordert, sich beklagt und keine Verantwortung für unsere Beziehung übernehmen will, auch für seine Beziehung mit den Kindern nicht. Die ganze Hausarbeit hängt an mir, die Pflege- und Erziehungsarbeit der Kinder sowieso, seine Vaterrolle sieht er mit Spielen* *am Wochenende als erledigt an, unter der Woche soll ich ihn damit nicht nerven, weil er braucht zuhause Erholung. Meine Lebensfreude schrumpft an seiner Seite mehr und mehr. Ich habe die Rollenverteilung Nörgelmama und Spielepapa satt!«*

In Beziehungen, die nach dem Mutter-Sohn-Modell gelebt werden, »muttern« die Frauen, die Männer lassen (sich und andere ver-)»sorgen«. Die mütterliche Rolle bietet zwar eine (emotional) mächtige Position, der Mann-als-Kind wird ihr gegenüber jedoch aus genau diesem Grund die Aggression entgegenbringen, die ein Kind seiner (scheinbar) allmächtigen Mutter gegenüber entwickelt. Bindemittel in der Beziehung ist das Mitleid. Die aggressive Kehrseite dieses Bindemittels ist die Entwertung (»Er schafft es nicht ohne mich«).

Hier zeigt sich oft die Ambivalenz zwischen narzisstischer Allmacht (»Ich kann ihn ändern/glücklich machen/heilen«) und Ohnmachtsgefühlen (»Ich bin ihm ausgeliefert. Er wird mich auch nach einer Trennung überallhin verfolgen«).

Viele Frauen haben Angst vor ihrer eigenen Aggression, die grenzenlos zerstörerisch scheint, wenn sie sie einmal zulassen. Hier hilft es, diese Aggression genau anzuschauen: »Was wäre das Schlimmste, was passieren könnte, wenn Sie sehr wütend sind?«

Gerade die sozialisationsbedingt so sehr gefürchtete eigene Aggression kann zu einem wichtigen Potenzial für die persönliche Weiterentwicklung werden. Der Wortstamm *ad-gredere* bedeutet erst einmal nur *herantreten*, es *angehen*, das eigene Leben *anpacken*. Zorn und Wut fördern das Gefühl des Getrenntseins, was in einer frühen Phase des Trennungsprozesses oft noch nicht aushaltbar scheint.

Wenn eigene Wünsche und Ziele unklar sind und kein Plan für sich außerhalb von: »Wir als Paar / wir als Familie« besteht, ist die Perspektive beständig auf den anderen gerichtet, was sich in Aussagen wie »Aber mein Mann sagt ...«, »Aber er will / will nicht ...« verorten lässt.

Frauen fällt es sozialisationsbedingt leichter, sich an den Plänen des Partners zu orientieren als eigene zu entwerfen und für diese die Verantwortung zu übernehmen. Stattdessen wird diese Eigenverantwortung im Gewand von Schuldzuweisung delegiert: »Du bist schuld daran, dass ich ...«.

Diese Versuche, für die eigene nicht wahrgenommene Verantwortung dem Partner die Schuld zuzuweisen, werden häufig auch in der Beziehung zur Beraterin sichtbar, etwa indem die Ratsuchende versucht, die Therapeutin dazu zu bringen, ihr zu sagen, was sie tun solle. Dadurch werden diese Verhaltensmuster und ihre Mechanismen bewusst und bearbeitbar.

Wenn Gebrauchtwerden als höchste Sinnstiftung dient, wird das Sorgen, Kümmern, Retten zum selbstgewählten Auftrag. Depressionen, Alkoholismus, Drogen, Spielsucht, Gewalt, schlimme Kindheit – alles eignet sich zur Entwicklung von Co-Abhängigkeit. Das Projekt »Ich ändere meinen Mann« kann zur Lebensaufgabe werden im Sinne von lebenslänglicher Selbst-Aufgabe.

»Er braucht mich ja!« und »Er kann ohne mich nicht leben!« sind Alibisätze, die es zu entlarven gilt. Solche Glaubenssätze benützen Frauen zur Rechtfertigung, um in einer oft (selbst-)zerstörerischen Beziehung zu bleiben und um sich nicht klarmachen zu müssen: Ich schaffe es (noch) nicht, zu gehen und mein eigenes Leben in die Hand zu nehmen.

Die Beratung stößt den Erkenntnisprozess an, um am eigenen Leben anzusetzen und das eigene Potenzial zu verwirklichen, anstatt stellvertretend zu leben.

Sehnsucht nach Verschmelzung und die Scheu vor Konflikten

»Freiheit wird oft verwirrend und beängstigend erlebt, nicht wenige bevorzugen das vertraute Elend gegenüber neuer Unsicherheit. ›Besser jeder alte Schrecken als das Neue, Unbekannte.‹«
Marlen Haushofer: Die Mansarde

Aus Angst vor dem Verlust der Nähe halten viele Frauen ihre Meinung, ihre Kritik und ihre Wünsche zurück, wenn sie von den Ansichten ihres Partners abweichen. Sie bleiben vage und unklar und sind dann erstaunt, wenn das Gegenüber ihre Empfindungen nicht erspürt: »Er muss doch wissen, dass mich das kränkt / dass ich schon lange überlege, mich zu trennen« ... Die Angst vor Differenzen lähmt manche Frauen bis zur Handlungsunfähigkeit: »Aber dann wird er wütend / schreit – und ich erstarre.«

Beratung kann dabei helfen, sich selbst aggressive Affekte und Fantasien zuzugestehen, manchmal gerade um sie nicht ausagieren zu müssen, sondern sie als Kraft zu nützen, um in Bewegung zu kommen und aus der Erstarrung heraus die eigene Lebendigkeit wiederzuerlangen.

Andere Frauen mit hohem Leidensdruck kommen mit der Bereitschaft in die Beratung, sich quasi freizukaufen, um einfach nur ihre Ruhe zu haben. Sie zeigen sich bereit, allen Forderungen des Partners zuzustimmen und auf alle Ansprüche, z. B. Unterhalt, zu verzichten, »nur damit es endlich vorbei ist«.

Hier ist es existenziell notwendig, sich die langfristigen Konsequenzen einer solchen Vereinbarung klar und deutlich vor Augen zu führen und das Durchhalte- und Konfrontationsvermögen trotz Erschöpfungszuständen so zu stärken, dass faire Bedingungen ausgehandelt werden können. Wesentlich ist hier, sich durch Selbstermächtigung die eigene Verantwortlichkeit und Handlungsfreiheit (wieder) anzueignen.

In der Beratung kann sich die Klientin den Mut holen, die Konfrontation zu wagen, Konflikte auszutragen und sich starkzumachen, NEIN zu sagen, übergriffigem Verhalten Grenzen zu setzen und sich Neues zu trauen.

»Ich will mich ja trennen, aber ...« – Vom Festhalten an der Vertrautheit des Leidens

»Die Hoffnung ist ein Arschloch. Und weisst du nicht, dass die Frauen immer glauben, dass die Männer wollen und nur nicht können, dass die Männer so viel sagen möchten und bloss die Worte nicht finden, die Frauen glauben an die Liebe, beissen sich fest wie Piranhas.«
Mareike Fallwickl: Dunkelgrün, fast schwarz

Ein häufiges Phänomen ist ein erzeugtes Spannungsverhältnis zwischen den Partner*innen, etwa durch die Aufteilung der Zuständigkeit: Mann schafft Distanz, Frau stellt Nähe und Bindung her.

Der Beratungsprozess unterstützt dabei, die eigene innere Ambivalenz anzusehen und auszuhalten damit Sie sich über die eigenen Bedürfnisse klar werden können. Das ist die Basis, um für sich selbst die richtige Entscheidung treffen zu können. Wichtig ist – auch im Fall von Gewalt, auch wenn es der Beraterin schwerfällt – eine offene Haltung gegenüber allen Wahlmöglichkeiten der Frau, damit sie sich frei entscheiden kann.

Margarete Mitscherlich spricht von der »Hoffnungskrankheit«[20], wenn bei einer Trennung die*der Verlassene an narzisstischen Kränkungen festhält, weil sie*er das Ende der Beziehung nicht akzeptieren kann.

Dabei ist es gerade diese Verleugnung einer Trennung und die Angst vor dem tatsächlichen Liebesverlust, die paradoxerweise Frauen auf genau diese Trennung fixiert und so verhindert, dass die Verlassene einen seelischen Entwicklungsprozess erfahren kann, der die Tür öffnet für neue, tiefgehende Beziehungen.

Ein Anzeichen dafür ist das hartnäckige Festhalten an der Vorstellung, die einzig richtige Frau für diesen Mann zu sein und dass dieser Mann der einzig richtige für sie sei.

Die Aggression wird hier häufig auf die neue Frau verschoben, die als die böse Verführerin des hilflosen Mannes gedeutet wird. Die *Projektion des Bösen* nach außen ist erträglicher, als es innerhalb der Beziehung zu verorten. Margarete Mitscherlich beschreibt diesen Zustand sehr treffend: »Die Alternative zur nicht geleisteten Trauer- und Ablösungsarbeit ist die Erstarrung, der frühzeitige geistig-seelische Stillstand, der Verlust von einem Leben *in* der Zeit, von innerer und äußerer Entwicklung.«[21]

Denn Voraussetzung für eine gelingende Trennungsbewältigung ist das Trauern um den erlittenen Verlust und das bewusste Erleben aller mit der Trennung verbundenen Emotionen wie Schmerz, Wut, Enttäuschung und Kränkung. Damit geht einher, dass die noch immer bestehenden Hoffnungen und gemeinsamen Zukunftsperspektiven aufgegeben werden müssen und die Zuwendung zurückgenommen wird, damit die Paaridentität und die (selbstverständliche) Zugehörigkeit zueinander abgebrochen und vertraute Rollen aufgegeben werden können, auch wenn damit die soziale Verortung erst einmal bedroht ist. Emanzipation erweist sich hier als eine Haltung, die das Ergebnis einer lebenslangen Auseinandersetzung mit Werten, Normen und Vorstellungen ist.[22]

In der oft bedrückenden Schwere von schmerzlicher Kränkung, Demütigung und Hass ist es auch Aufgabe der Beraterin, eine zukünftige mögliche Realität sichtbar werden zu lassen, in der diese schwere, dunkle, emotionale Belastung keinen Raum mehr einnimmt. Wenn die eigene Identität und Befindlichkeit nicht mehr vom Gefühl des Verlusts bestimmt werden und sich wieder ein eigenes Bild von sich selbst und einer eigenständigen Lebensgestaltung unabhängig vom Expartner einstellt, sind dies Zeichen einer gelungenen Bewältigung.

Die Fixierung auf den Verlust aufzulösen bietet die Chance, mit mehr Bewältigungskompetenzen aus dem Trennungsprozess hervorzugehen und anschließend eine ausgeglichenere Balance zwischen Autonomie und Bindung leben zu können.

Eine Klientin, die ihre Weiterbildung trotz der fortwährenden Entmutigung ihres damaligen Lebensgefährten (»Du bist egoistisch, weil du diese Ausbildung machst, du zerstörst unsere Familie, du bist nichts ohne mich«) geschafft hat, berichtet in einem Brief:

»Diese Verantwortung/Macht ist mir in dieser Form neu. Ich bestimme ganz, was zum Wohl meiner Tochter beiträgt ... In mir entstehen allerhand Emotionen. Ich erlaube, mir Zeit zu nehmen, sie zu erkennen, raus kommen zu lassen, zu ordnen. [...] Ich entwickle ein neues Verständnis, eine Frau zu sein. Vorbild für meine Tochter, die es hoffentlich noch zehn Mal besser macht als ich und meine Mutter.«

Gefühle und Gesetze

Ein Trennungsprozess findet nie nur auf einer Ebene, sondern mehrschichtig auf inneren und äußeren, auf emotionalen und sachlichen Ebenen statt. Eine ganzheitliche Trennungsberatung trägt deshalb den Bedürfnissen nach Sachinformation, Klärung, Entscheidung und emotionaler Bewältigung gleichermaßen Rechnung. Dabei sind fundierte rechtliche Informationen genauso wichtig wie die psychische Entlastung, Unterstützung und Stärkung. Dass in einer Krisensituation komplexe juristische Erklärungen nicht beim allerersten Mal behalten werden, ist dabei nur allzu verständlich. Fragen Sie deshalb unbedingt nach, wenn Sie etwas noch nicht ganz verstanden haben. Es geht hier immer und ausschließlich um Ihre Bedürfnisse.

Große Entscheidungen brauchen Zeit, und oft tut es gut, sich dem Neuen behutsam zu nähern. Manchmal ist es aber zwingend notwendig, schnell zu entscheiden und zu handeln, z. B. wenn auf eine Scheidungsklage binnen der gesetzlichen Frist reagiert werden muss, der Verlust des Unterhaltsanspruches droht oder die eheliche Wohnung wegen eines potenziellen Gewaltrisikos verlassen werden muss. Indem Sie Ihre Situation in einer Frauenberatungsstelle offen schildern, kann die Beraterin gestützt auf ihr breites Fachwissen gemeinsam mit Ihnen entscheiden, welche Form der Unterstützung für Sie jetzt am besten passt. Gemeinsam mit der Juristin Barbara Stekl habe ich entsprechende interdisziplinäre Fortbildungsangebote für die Trennungs- und Scheidungsberatung entwickelt, die exakt auf diesen Bedarf zugeschnitten sind.[23]

In einer Zeit starker Emotionalität (Trauer, Angst, Zweifel, Wut, Erleichterung), in der gleichzeitig rechtliche, finanzielle, soziale und organisatorische Fragen geklärt und Probleme bewältigt werden müssen, haben sich Gesprächsgruppen für *Frauen in Trennung* sehr bewährt. Die psychosoziale und rechtliche Beratung sowie der Erfahrungsaustausch zwischen den Teilnehmerinnen unterstützen den Prozess des Auflösens von Gewohntem und fördern die Entwicklung neuer Perspektiven. Es ist immer wieder beeindruckend zu erleben, wie die Gruppenteilnehmerinnen einander bestärken, unterstützen und auch im besten Sinne herausfordern. Eine gelebte Frauensolidarität. Nützen Sie für sich in Ihrer Trennungssituation bestehende Frauengruppen oder gründen Sie selbst eine.

Checkliste für die Sachebene

Ein Fragengerüst für eine Erstberatung zum Thema Trennung und Scheidung sollte folgende Punkte zur Orientierung abklären:

- Wer will die Scheidung und warum?
- Wo steht die Klientin im Entscheidungsprozess?
- Ist eine Einigung möglich? ➠ Mögliche Scheidungsform/en

Scheidungsfolgen und die dabei zu klärenden Punkte:

- Obsorge gemeinsamer minderjähriger Kinder
- Alimente
- Kontaktzeiten
- Unterhalt der Ehepartner*innen (Altersabsicherung bedenken!)
- Aufteilung der Wohnung
- Aufteilung des ehelichen Vermögens
- Aufteilung gemeinsamer Schulden

Wenn eine Bedrohung durch physische Gewalt besteht, ist es wichtig

- einen Krisenplan zu entwickeln (Notrufnummern einspeichern: Polizei, Frauenhaus, Frauenhelpline; Tasche mit Geld, Dokumenten, Kleidung, Spielzeug für die Kinder, Medikamenten bereithalten).
- Wenn Sie in Ihrem aufenthaltsrechtlichen Status von Ihrem Ehemann abhängig sind, ist unbedingt vor einer Scheidung zu klären, wie Ihre rechtlichen Perspektiven aussehen (Aufenthalt und Arbeitsrecht).
- Gemeinsam klären, wo sich Ressourcen und Unterstützungsmöglichkeiten bieten.

Erfolgreiche Strategien der Trennungs- und Scheidungsbegleitung

Das Auflösen einer Beziehung und die Trennung von einem Partner sind eine komplexe Sache. Denn neben den emotionalen Zuständen, wie Trauer, Enttäuschung, Verzweiflung und Wut ebenso wie Erleichterung und das Gefühl der Befreiung, kommen meist umfangreiche finanzielle und rechtliche Fragen und Probleme auf die Betroffenen zu, denen sie sich stellen müssen.

In einem Trennungsprozess werden im Allgemeinen unterschiedliche Phasen durchlaufen. Vor der Entscheidung stehen dabei fast immer Leidensdruck und Zweifel. Um dem begegnen zu können, hilft es, sich den eigenen Leidensdruck einzugestehen und sich die Belastungen und Überforderung bewusstzumachen und zu benennen – auch die Belastungen, denen die Kinder durch diese Konflikte zwischen den Eltern ausgesetzt sind.

Ein weiterer Schritt ist, die Abhängigkeit und Ambivalenz in der Beziehung zu erkennen, die eigenen Gefühle ernst zu nehmen, damit sich die Probleme nicht mehr so einfach verleugnen lassen, und die noch immer gehegte Hoffnung, es möge doch irgendwie wieder besser oder »wieder wie früher« werden, auf ihre Realitätstauglichkeit hin zu prüfen.

1. Die Entscheidungsphase: Klarheit gewinnen – »Was will ich, was brauche ich?« – und für sich die Entscheidung treffen

2. Durchsetzen der getroffenen Entscheidungen: Problemlösungen erarbeiten, z. B. juristische, organisatorische ➠ Verhandeln, kämpfen und durchhalten

3. Stabilisierung und Neuorientierung: Neue Rollenanforderungen, neuen Selbst- und Weltbezug finden und annehmen Die befreienden Aspekte eines selbstgestalteten und selbstbestimmten Lebens erfahren

Die Entscheidungsphase: Vom Schuldgefühl zur Selbstbestimmung

Zur Entscheidungsfindung – »Soll ich mich trennen oder nicht?« – ist ein Gedankenexperiment hilfreich: Stellen Sie sich zuerst folgendes Szenario vor:

- »Wie geht es mir in fünf Jahren (wie lebe ich?), wenn ich verheiratet bleibe?«

Imaginieren Sie, wie Sie sich fühlen, was Sie tun, wie Sie leben, wie Ihre Umgebung aussieht, mit welchen Menschen Sie Kontakt haben. Malen Sie sich diese Zukunftsvariante möglichst lebendig und realistisch aus und achten Sie darauf, welche Gefühle diese Bilder in Ihnen hervorrufen. Etwas davon aufzuschreiben, kann sehr hilfreich gegen das Vergessen sein.

Nach einer Pause sehen Sie sich die andere Variante Ihrer Zukunft an:

- »Wie geht es mir in fünf Jahren, wenn ich mich getrennt habe?«

Wieder stellen Sie sich möglichst lebendig vor, wie Ihr Leben dann aussehen könnte. Was tun Sie Neues? Welche Freiräume haben Sie? Was fehlt Ihnen? Von welchen Belastungen sind Sie frei? Welche neuen Aktivitäten, welche neuen Menschen bereichern Ihr Leben?

Lassen Sie auch hier die auftauchenden Gefühle auf sich wirken.

Es erfordert Mut, alle Facetten der Beziehung zu beleuchten – die eigenen Anteile sowie die Anteile des Partners, genau hinzuschauen und sich ehrlich einzugestehen: Was tut mir gut, woran hänge ich? Und: Was schadet mir, was überfordert, was kränkt mich, was macht mich krank in dieser Beziehung?

Nehmen Sie sich Zeit für eine so wichtige Entscheidung – und lassen Sie sich nicht unter Druck setzen, auch nicht von sich selbst –, um die positiven und negativen Seiten der Beziehung gut abzuwägen und um psychosoziale und rechtliche Beratung in Anspruch zu nehmen, um bei Bedarf mit Unterstützung einer außenstehenden Person zu einer Klärung zu finden.

Trauer ist erlaubt und Trauer braucht Zeit! Denn Trauerprozesse verlaufen nicht linear, sondern spiralförmig. Sie vollziehen sich in Wellen, wobei der Schmerz über längere Zeit hinweg immer wieder mal mehr, mal weniger heftig auftauchen kann. Am Anfang des Trennungsprozesses, etwa wenn der Partner sich plötzlich und unerwartet trennt, scheint der Schmerz manchmal unendlich groß und unmöglich zu ertragen. Das Gefühl, den Boden zu verlieren, ins Bodenlose zu stürzen, in eine immerwährende Dunkelheit, kann sich einstellen.

Während einer guten Beratung wird zunehmend deutlich, dass auch dieser Schmerz mit der Zeit nachlässt und wieder anderen Gefühlen Raum gibt. Das Durchschreiten der Trauer erfordert Geduld und ist für das Sich-Befreiende unverzichtbar. Die Beraterin trägt die Schwere mit. Und sie hält den Blick auf eine Zukunft ohne diesen Schmerz für die Trauernde präsent.

Das ermöglicht der Klientin sukzessive, die neue Situation zu akzeptieren und neue Perspektiven für sich zu entwickeln. Denn neben dem Schmerz können nun auch die befreienden Aspekte der Veränderung gespürt und gesehen werden.

Oft eignen sich Frauen im Laufe eines Trennungsprozesses die Eigenschaften und Verhaltensweisen wieder an, die während der Beziehung *delegiert*, vernachlässigt oder nicht mehr gelebt wurden, und probieren neue Rollen für sich aus: »Wie war ich vor dieser Beziehung, und kann ich mir davon etwas zurückholen?«

Wenn sie sich gerne schriftlich ausdrücken, sollten Sie das Schreiben für Ihren Klärungsprozess nutzen, z. B. können Sie die eigene Beziehung aus der Perspektive einer außenstehenden Person beschreiben (»sie« statt »ich«). Das ermöglicht eine distanziertere Sicht auf das eigene Leben und die Beziehungsdynamik. Dabei werden Selbstverständlichkeiten infrage gestellt. Zum Beispiel: Wie passt sich diese Frau an die Wünsche ihres Mannes an, was hält sie alles aus, wie »verbiegt« sie sich, um das Bild der heilen Familie aufrechtzuerhalten?

Achten Sie dabei auf Passivsätze wie »Sie wurde von ihm eingeschränkt«. – Wer tut das? Und wer ist das Subjekt der Handlung und kann darum auch anders handeln als bisher?

Als Onlineberaterin erfahre ich bei meinen Klientinnen immer wieder die positive Wirkung des Schreibens. Schreiben kann als innerer

Dialog Klarheit, Struktur und Distanz zum eigenen Problem bewirken. Sich aus der eigenen Verstrickung »herauszuschreiben« entlastet. Schreiben erlaubt, verbotenen Impulsen Ausdruck zu verleihen, z. B. der eigenen Wut. Schreiben bietet – ebenso wie das Beratungsgespräch – einen Möglichkeitsraum, Handlungen auszuprobieren, aus alten Mustern auszusteigen und neue Sichtweisen zu entwickeln. Schreiben aktiviert die eigenen Ressourcen. Zu spüren, wie die eigene Ausdrucksfähigkeit und Kreativität erstarken, lässt uns uns selbst autonomer und handlungsfähiger erleben und unterstützt uns dabei, die Autorinnenschaft für das eigene Leben zu übernehmen.

Verantwortung und Schuld sind wichtige Themen im Trennungsprozess. Sie sind nicht allein für den Zusammenhalt der Familie verantwortlich – das ist eine überfordernde Aufgabe. In meinen Beratungsgesprächen begegnet mir häufig ein enormes Leiden an nicht erfüllbaren Idealbildern einer »heilen Familie« oder auch von »Mutterschaft« und der Glaube, alle anderen Paare und Familien seien alle so harmonisch und glücklich miteinander, wie frau es selbst nicht zustande bringt.

Diese Fantasien gleichen oft Heilserwartungen und entwickeln sich nicht selten zu illusionären Realitätskillern. Überzogene, mit dem tonnenschweren Gewicht der »Perfektion« erdrückende Ansprüche an sich selbst, den Partner, und an Einheit und Harmonie, lassen jede Beziehung an der Realität zerbrechen. Sie bewirken Enttäuschung und Scheitern. Darum sind die Ent-Idealisierung, die Verabschiedung unerreichbarer Ideale, und die Entwicklung realistischer Bilder und Ziele so wichtig.

Für eine gelungene Trennungsbewältigung ist auch das Aufgeben noch bestehender mit dem betreffenden Partner verbundener Hoffnungen wichtig: die Heilung der »Hoffnungskrankheit«, wie die Psychoanalytikerin Margarete Mitscherlich die Fixierung auf den Partner und die Verleugnung der Entfremdung nennt. Die oft jahrelange fixe Idee, der Partner möge sich doch irgendwann in die gewünschte Richtung ändern, lenkt ab von den eigenen Entwicklungsmöglichkeiten und hemmt die Realisierung des eigenen Potenzials. Niemand lässt sich gern gegen seinen Willen ändern. Mit dem Veränderungswunsch können Sie daher sinnvollerweise nur bei sich selbst ansetzen, denn Veränderung erfordert Motivation, den Willen, etwas anders zu machen, und häufig einen gewissen Leidensdruck. Wer es zu bequem hat – wem es zu bequem gemacht wird –, der will nichts ändern.

Die beiden Rollen »Reparaturprojekt Mann« und »Erholungsgebiet Frau« ergänzen einander in langfristig destruktiver Weise. Das Projekt »Ich ändere meinen Mann« kann zur Lebensaufgabe werden im Sinne lebenslänglicher Selbst-Aufgabe. Wichtig ist darum, diese Fixierung aufzulösen und, anstatt stellvertretend zu leben, aus dieser Erstarrung wieder in Bewegung zu kommen und sich für die eigene Veränderung und neue Beziehungen zu öffnen. Die Verantwortung für die eigenen Entscheidungen und das eigene Verhalten zu übernehmen markiert den Beginn Ihrer bewussten eigenen Handlungsfreiheit.

In den Gesprächsgruppen für *Frauen in Trennung* bin ich immer wieder mit dem Thema Schuld konfrontiert. Oftmals haben Frauen das Gefühl, für alles verantwortlich zu sein, für den Partner, die Kinder, das Scheitern der Beziehung, die fehlende eigene Absicherung aufgrund der Kinderbetreuungsarbeit – Schuldgefühle, die selbstzerstörerische Ausmaße annehmen. Auf die Frage am Ende des Gruppentreffens, was sie am liebsten ablegen wollen, antworten viele Teilnehmerinnen: *meine dauernden Schuldgefühle, das beständige Gefühl, etwas falsch zu machen, das dauernde Infragestellen des eigenen Tuns.*

Sabine M.: *»Ich habe so lange versucht, den Wünschen meines Mannes zu entsprechen, dass ich gar nicht mehr weiß, was ich selbst will.«*

Lassen Sie sich nicht verunsichern, vertrauen Sie Ihrer Wahrnehmung und holen Sie sich Unterstützung bei einer Frauenberatungsstelle.

Die Verhandlungsphase: »Ich weiß, was ich will«

Sabine M. überlegt, sich nach jahrelangen Streitereien scheiden zu lassen. Sie hält die ständigen Entwertungen und Wutausbrüche ihres Mannes nicht mehr aus. Er meint, sie könne ja gehen, wenn ihr etwas nicht passe. Zahlen würde er nichts, denn schließlich sei es sein Geld und sie sei ja jahrelang nur zuhause bei den Kindern gewesen, und außerdem sei sie es, die die Trennung wolle, für ihn passe es ja so, wie es ist.

Mit schlechtem Gewissen meint Sabine M. nun, sich freikaufen und auf alles verzichten zu müssen, um den Kränkungen ein Ende zu setzen und die Trennung zu erreichen. Sie hat Angst, dass sie – wenn überhaupt – nur eine sehr geringe Pension haben wird. Zweifel und Schuldgefühle setzen ihr zu und erschweren die Entscheidung.

Der Mann von Marianne S. will sich scheiden lassen. Er hat genug von seinem alten Leben und will seine Freiheit. Marianne S. vermutet, dass er eine Freundin hat. Er macht seiner Frau Druck, indem er ihr die Formulare für die einvernehmliche Scheidung vorlegt und sie mit den Worten »Wenn du nicht unterschreibst, nehme ich mir einen Anwalt« zur Unterschrift drängt. Marianne S. glaubt, sie müsse dieser Scheidung zustimmen, um einen Rosenkrieg zu vermeiden und weil ihr ohnehin nichts zustehe. Ihr Mann behauptete einmal in einem Streit, Ehebruch sei ohnehin kein Scheidungsgrund mehr und das Haus gehöre dem, der es mit seinem Einkommen bezahlt hat. Marianne S. ist verunsichert und weiß nicht, wie sie sich entscheiden soll.

Medien verbreiten gerne das Bild der gierigen Frauen, die sich mit ihren Unterhaltszahlungen ein Luxusleben finanzierten. Die Realität ist eine andere: Viele Frauen verzichten bei einer Scheidung auf Unterhalt, fordern nicht einmal die Alimente in voller Höhe, die den Kindern zustehen, um eine einvernehmliche Trennung ohne Streit zu erreichen. Ihr Harmoniebedürfnis macht Frauen erpressbar. Die Strategie »Ich verzichte auf Unterhalt, damit ich endlich meine Ruhe habe« bedeutet eine nur sehr kurzfristige Entlastung, dafür ein langfristiges Risiko der Armutsgefährdung.

Haben Sie Mut zur klaren Kommunikation und lassen Sie sich nicht einschüchtern. Ihr Mann verdient auch deswegen mehr, weil Sie ihm das durch Ihre unbezahlte Haus- und Kinderbetreuungsarbeit ermöglichen. Verlangen Sie das, was Sie zu Ihrer Existenzsicherung brauchen.

Holen Sie selbst Informationen und Beratung ein, überprüfen Sie die erhaltenen Informationen und trauen Sie keinen Gerüchten wie z. B. dem, dass Ehebruch kein Scheidungsgrund mehr sei. Lassen Sie sich nicht verunsichern und verbieten Sie sich selbst eine Woche lang den Satz »Aber mein Mann sagt ...«, um zu Ihrer eigenen Perspektive zurückzufinden.

Sie sind für sich selbst verantwortlich. Geben Sie diese Verantwortung an niemand anderen ab und übernehmen Sie nicht die Verantwortung für das Leben Ihres Partners. Das Bedürfnis, gebraucht zu werden, ist zwar verständlich, die Ungleichverteilung von Aufgaben nach einem Mutter-Sohn- (oder auch Vater-Tochter-)Beziehungsmuster kann jedoch zu einer enormen Last werden.

Beide Muster sind auf Dauer unbefriedigend, da daraus keine gleichberechtigte Beziehung zwischen erwachsenen selbstverantwortlichen Partner*innen mit jeweils eigenem Leben entsteht, sondern Machtspiele und Kontrollmechanismen.

◈ Bescheidenheit ist keine Zier: Verhandeln lernen!

Viele Frauen haben in ihrer Sozialisation gelernt, die Bedürfnisse anderer zu erfüllen und sich selbst in Bescheidenheit zu üben. Solche verinnerlichten Glaubenssätze stehen einem guten Verhandlungsergebnis, auf das Sie Ihre Zukunft nach einer Scheidung aufbauen können, entgegen.

- Wie wird/wurde in Ihrer Ehe über Geld gesprochen? Sachlich? Emotional? Handelt es sich um ein häufiges Streitthema oder um ein Tabu, das nicht angesprochen werden darf/durfte?
- Welche Botschaften und Werthaltungen zum Thema Geld im Zusammenhang mit Frau- und Mann-Sein haben Sie mitgenommen aus Ihrer Herkunftsfamilie?

Wichtig ist, sich diese Glaubenssätze bewusst zu machen, um dann entscheiden zu können: »Will ich das so weiterführen oder will ich meinen Umgang mit Geld anders gestalten?«

Befreien Sie sich ganz bewusst – bei Bedarf mit Unterstützung durch Beratung – von Überzeugungen wie »Ich darf nichts fordern«, sei es aus Schuldgefühl oder aus Konfliktscheu. Legen Sie solche inneren Verbote vor dem Verhandeln um eine existenzsichernde Lösung ab, und konzentrieren Sie sich auf die Sachebene. Für ein gutes Ergebnis entkoppeln Sie Geld und Gefühle. Geld ist ein Mittel zur Existenzsicherung, keine emotionale Währung. Ein weniger emotional besetztes Bild wie das einer Betriebsauflösung kann helfen, auf der rationalen Ebene zu bleiben.

Ein Verhandlungsgespräch ist auch keine Beziehungsaufarbeitung. Die Sachebene von der Gefühlsebene zu trennen ist Voraussetzung für ein konstruktives Ergebnis in den Verhandlungsgesprächen mit Ihrem Partner. Diskussionen um Unterhalt und Vermögensaufteilung sind der falsche Ort für das Aufarbeiten alter Kränkungen. Sagen Sie sich ganz bewusst: »Ich steige jetzt nicht in die Achterbahn der Gefühle.« Lassen Sie sich nicht provozieren, bleiben Sie gelassen und bei sich (»Ich«-Aussagen) und vertreten Sie Ihr Anliegen.

Für die Aufarbeitung von Verletzungen, Wut und Konflikten gibt es andere Räume und Methoden, ggf. in der Einzel- und Paarberatung oder in der Psychotherapie.

Auch für eine gute anwaltliche Vertretung ist es absolut wichtig, dass Sie wissen, was Sie wollen! Je klarer Ihnen Ihr Ziel ist, desto besser kann eine auf Scheidungsrecht spezialisierte Anwältin Sie juristisch beraten und vertreten.

Bereiten Sie sich auf Gespräche gut vor, wählen Sie Zeitpunkt und Ort so, dass Sie in möglichst ruhiger und konstruktiver Atmosphäre verhandeln können, nicht zwischen Tür und Angel und nicht an einem ohnehin schon stark emotional belasteten Ort. Holen Sie sich bei Bedarf vorher Beratung und listen Sie Ihre wichtigsten Punkte und Argumente schriftlich auf, um möglichst nicht davon abzuweichen.

Lassen Sie sich im Rahmen eines solchen lösungsorientierten Gesprächs nicht in neuerliche Streitigkeiten verstricken. Ein Verhandlungsgespräch ist keine Beziehungsaufarbeitung, sondern ein Weg, um zu einer für beide Seiten akzeptablen Lösung zu kommen. Dieser Weg ist nicht vergangenheits-, sondern zukunftsorientiert.

Beim Verhandeln um eine einvernehmliche Lösung ist ein gewisser Verhandlungsspielraum hilfreich. Schaffen Sie sich diesen Spielraum, indem Sie mit höheren eigenen Forderungen einsteigen, um sich mit Ihrem Gegenüber in der Mitte treffen zu können. Männer haben meist gelernt, gut zu verhandeln, und diese Strategie ist für sie selbstverständlich. Sie sind gewohnt, gut auf ihre eigenen Bedürfnisse zu achten und ihre Interessen durchzusetzen. Davon können Frauen lernen.

Wenn Sie also in Verhandlungsgesprächen aus Bescheidenheit, Schuldgefühl oder Konfrontationsangst mit dem Minimalbetrag beginnen, den Sie unbedingt benötigen, um über die Runden zu kommen, dann brauchen Sie nicht erstaunt oder gekränkt zu sein, wenn Ihr Partner Sie trotzdem herunterzuhandeln versucht. Denn für ihn ist es nur logisch, dass beide gut aus der Verhandlung herauskommen möchten und nicht gleich das erste Angebot der jeweils anderen Person annehmen wollen.

Eine psychosoziale Beratung kann hier den Selbstwert und die Verhandlungsfähigkeit stärken und helfen, realistische Forderungen zu stellen. Ein guter Ausstieg aus einem Vertrag, der die Ehe ja ist, gelingt nicht mit der Haltung »Ich will gar nichts von dir«. Jede*r ist in diesem Aushandlungsprozess für sich selbst verantwortlich.

Und auch für eine erfolgreiche Mediation ist entscheidend, dass Klarheit darüber besteht, was Sie wollen und brauchen, damit der wirtschaftliche Neustart nach der Trennung gelingen kann.

◈ Geld und Macht in Beziehungen

Paula K.: *»Für mich ist es ein großer und neuer Schritt, über eine Scheidung nachzudenken. Ich habe so viele Jahre Barbie gespielt: Mutter-Vater-Kind. Und da waren sie nach der Hochzeit für immer glücklich ... Scheidung und zermürbender Alltag sind in meinem Mutter-Vater-Kind-Spiel nie vorgekommen. Und trotz viel feministischem Wissen bin ich in der klassischen Rollenverteilung gelandet. Weil ich das gut fand, weil das mit Barbie und Ken auch so war ...«*

Durch die Beratung gestärkt fordert Paula K. in der Mediation Unterhalt als Ausgleich für die jahrelange Hauptbetreuungsarbeit für ihre beiden Kinder, um ihre Existenz nach der Trennung zu sichern. Sie ist sehr erleichtert über das gute Ergebnis der Mediation und stolz auf sich, dass sie sich endlich getraut hat, etwas in aller Klarheit zu fordern.

Nach langem Zögern hat sie ihre Skrupel abgelegt, eine Entschädigung für ihre viele unbezahlte Arbeit – die Kinder waren sehr viel krank und brauchten viel Unterstützung beim Lernen, die sie ihnen gegeben hat – zu verlangen. Nun versteht sie ihre frühere Zurückhaltung kaum mehr. »Das ist endlich eine gerechte Lösung. Warum sollten Frauen auf etwas verzichten, das ihnen zusteht?«

Innerhalb der Ehe haben Sie ein Recht darauf zu wissen, was Ihr Ehepartner verdient. Die Geheimhaltung oder Verschleierung des realen Einkommens und der daraus resultierende fehlende angemessene Beitrag zum gemeinsamen Haushalt sind Scheidungsgründe. Die Offenlegung muss spätestens im Zuge der Scheidung geschehen.

Geld ist Gegenstand von Aushandlungsprozessen und wird oft als ein Machtmittel eingesetzt, mit dem Vorstellungen von Individualität und Gemeinsamkeit innerhalb einer Beziehung durchgesetzt werden sollen. Eine gerechte Verteilung des Geldes, der Zahlungslasten sowie der bezahlten und unbezahlten Arbeit sollte das Ziel sein, d. h. die Kosten des gemeinsamen Lebens im Verhältnis zum jeweiligen Einkommen zwischen den Ehepartner*innen aufzuteilen. Zahlt eine*r der beiden beispielsweise die Hälfte der Miete, verdient jedoch nur ein Viertel des Einkommens des Partners/der Partnerin , ist das einzeln gesehen keine gerechte Lösung.

Bei einer so weitreichenden Entscheidung sollten sich eigentlich alle vor dem Eingehen einer Ehe oder Lebensgemeinschaft über die Konsequenzen, Rechte und Pflichten informieren. Genauso ist es bei einer Scheidung wichtig, nicht dem Druck nach einer schnellen Lösung nachzugeben, sondern sich erst einmal kompetent informieren und beraten zu lassen. Wenn die Initiative zur Scheidung primär von Ihrem Partner ausgeht, lassen Sie ihn zuerst ein Angebot machen, auf das Sie dann reagieren können. Nehmen Sie sich die Zeit, die Sie für diese wichtige Entscheidungsfindung brauchen! Es geht um langfristig wirksame Konsequenzen.

Sie müssen nicht alles allein durchstehen. Holen Sie sich fachliche Hilfe in Beratungen und Gesprächsgruppen, die Sie in diesem Prozess unterstützen können. Frauenspezifische Beratung kann darüber hinaus unterstützend dazu beitragen, den Selbstwert zu stärken und das oft durch jahrelange Entwertung geschwächte Vertrauen in die eigene Wahrnehmung wiederzuerlangen.

Die Neuorientierungsphase: »Ein neues Kapitel in meinem Leben beginnt«

Eine Trennung zu bewältigen – so schmerzlich die Trennung selbst auch sein mag –, bietet immer auch die Chance, mehr Klarheit über die eigenen Ziele, Bedürfnisse und Grenzen zu gewinnen und den eigenen Handlungsspielraum zu erweitern. Den eigenen Anteil an der Paardynamik zu erkennen und zu verstehen, eröffnet zudem, mit zukünftigen Beziehungen anders umzugehen und die einschränkenden, destruktiven Muster und Glaubenssätze – »Wahre Liebe muss alles ertragen«, »Ich darf nie Nein sagen, darf anderen keine Grenzen setzen« – endlich aufzulösen. Anstatt die Rolle der Dulderin oder Retterin, die sich selbst überfordert, zu erfüllen, können Sie Ihre eigenen Kompetenzen aktivieren, neue Rollen ausprobieren, das tun, was Sie gern tun – mit dem Ziel, selbstbestimmt und eigenverantwortlich zu leben. Jede Trennung ermöglicht neben dem Abschied von Vertrautem neue Perspektiven. Aus dem Mangel kann ein Freiraum werden.

Auch Rituale und Inszenierungen, in denen Abschied und Neubeginn klar markiert werden, können entwicklungsfördernd wirken, z. B. wenn Sie den Ehering abnehmen und daraus etwas Neues machen (lassen). Oder Sie schreiben einen Abschiedsbrief, den Sie abschicken oder für sich behalten oder fließendem Gewässer übergeben. Briefe bewusst zu verbrennen, eine Reise an einen Ort, wo Sie schon immer einmal hin wollten, wohin Ihr Partner aber nicht mitkommen wollte, oder auch ein feierliches Essen mit allen Menschen, die Sie bei der Trennung unterstützt haben, können Handlungen sein, die den Abschluss dieser Lebensphase bekräftigen.

Bauen Sie selbst gestaltete haltgebende Strukturen in Ihren Alltag ein, z. B. zu bestimmten Zeiten mit einer Freundin telefonieren, sich Spaziergänge, Auszeiten und Erholungsphasen gönnen, sich Zeit für sich selbst nehmen, um herauszufinden, was die eigenen Ziele sind. Dabei hilft, einen Zeitplan zu erstellen und sich daran zu halten.

Wichtig in der Phase des Neubeginns: Ersetzen Sie den strengen, kritisierenden Blick auf sich selbst durch einen wohlwollenden, sich selbst anerkennenden. Verfallen Sie nicht dem Anspruch, in der neuen Rolle sofort perfekt funktionieren zu müssen. Nehmen Sie eine Perspektive des Schritt-für-Schritt-Hineinwachsens ein, und auch Etappenziele wollen belohnt und gefeiert werden.

◈ Kill die »Realitätskiller-Ideale«: Die Befreiungsgeschichte von Anna B.

Anna B., 38, Pädagogin, kommt zur Beratung, um sich Unterstützung bei der Trennung von ihrem gewalttätigen Lebensgefährten zu holen. Der Anlass, gerade jetzt eine Beratung in Anspruch zu nehmen, ist noch sichtbar: Würgemale am Hals und ein Hämatom am Kinn.

»Ich weiß, dass mich diese Beziehung krank macht. Ich will mich trennen, aber ich schaff's einfach nicht.« Sie wirkt gehetzt und angespannt. Hinter der Fassade des selbstsicheren Auftretens werden tiefe Verletztheit und Erschöpfung spürbar. Mehrmals weist Anna darauf hin, dass sie selbst im Sozialbereich tätig ist und deshalb um die Dynamik von Gewaltbeziehungen weiß: »Ich hab das ja alles in der Ausbildung gelernt – aber dieses Wissen hilft mir nicht, meine Gefühle in den Griff zu kriegen.« Was Anna hält, ist die Sehnsucht nach Geborgenheit und ihre große Angst vor Einsamkeit. Sie präsentiert sich sehr reflektiert, quasi als Kollegin und geißelt sich mit Selbstvorwürfen: »Wie kann ich mir das antun lassen? Ich bin doch eine emanzipierte Frau, finanziell unabhängig, kann mich in meinem Job gut durchsetzen ...« Die Spannung zwischen ihrer selbstbewussten und erfolgreichen Seite im Außen und ihrer emotionalen Bedürftigkeit im privaten Bereich macht ihr schwer zu schaffen. »Bei meinem Freund werde ich zum kleinen Mädchen – und ich schäme mich so dafür.«

Die unbewusste Dynamik dahinter: Sie lässt sich für ihre verhasste Bedürftigkeit, die sie verletzlich und angreifbar macht, »bestrafen«.

Die Ausgangssituation von Anna und ihrem Lebensgefährten ist eine nichttraditionelle Machtkonstellation: Anna verfügt aufgrund ihrer besseren Ausbildung über ein deutlich höheres Einkommen als ihr Partner. Dieser arbeitet aufgrund depressiver Episoden nur sporadisch und lässt sich weitgehend von ihr versorgen. Anna macht ihren Partner zu ihrem »Projekt«, bemuttert ihn, will ihm das bieten, was sie selbst vermisst (hat): Geborgenheit und Sich-aufgehoben-Fühlen, will ihn durch ihre Liebe und Fürsorge von seinen Depressionen befreien. In einer destruktiven Wiederholungsdynamik sucht Anna ihr Bedürfnis nach harmonischer Einheit mit einem Partner zu erfüllen, der ihr gerade das nicht geben kann, den sie aber dahingehend verändern will. Der andere wird für sie zum Beschäftigungsprogramm, zum Rettungsprojekt und zum Ersatz für ein eigenes Leben. »Ich kann nicht allein sein, Alleinsein macht mir schreckliche Angst.«

»Er hat mir gesagt: ›Ich bin deine Familie.‹« Dieser Satz hat aufgrund ihres Wunsches nach symbiotischer Verschmelzung eine extrem starke Verführungskraft – trotz der Erfahrung des Beschimpft- und Verletztwerdens. Anna leidet an ihrem inneren Idealbild von Familie und Partnerschaft – ihre Fantasien davon enthalten alle Sehnsüchte, die bisher nicht gestillt wurden und von illusionären medialen Suggestionen täglich genährt werden.

Anna fühlt sich taub und abgestumpft. Sie schämt sich für das Zulassen der Beschimpfungen und Demütigungen und zieht sich von ihrem Freundeskreis zurück. Ihre beste Freundin, der sie als einziger von der Gewalt in ihrer Beziehung erzählt, hält dieses Wissen nicht mehr aus: »Erzähl mir erst wieder etwas, wenn du dich getrennt hast.« Diese Enttäuschung erhöht den Leidensdruck zusätzlich.

An einem besonders schlimmen Abend verweist die von einer Nachbarin alarmierte Polizei den Lebensgefährten aus Annas Wohnung.

»Ich habe mich gegen den Angriff meines Lebensgefährten gewehrt und deswegen große Schuldgefühle.«

Ihre Frage »Darf ich mich wehren?« berührt ihre stark angstbesetzten eigenen Aggressionen. Sie erlebte als Kind die Wutausbrüche ihres cholerischen Vaters als extrem destruktiv und beschreibt ihre emotionale Reaktion als eine Art »Erstarrungsreflex, unfähig, dem Gewitter etwas entgegenzusetzen«. In einer solchen Situation des Angegriffenwerdens ist sie ausschließlich bemüht, den Angreifer zu beruhigen, anstatt sich selbst wahrzunehmen und den eigenen Zorn zum Ausdruck zu bringen. Um den Preis des eigenen Selbstwerts und der Gesundheit erträgt sie Demütigungen und Angriffe, nur um die Nähe der Beziehung nicht zu gefährden.

Ihre eigenen aggressiven Regungen sind für sie stark angstbesetzt. Sie hat die Vorstellung, diese würden sie, sobald sie sie auch nur in geringem Maße zuließe, überwältigen und nicht wiedergutzumachenden Schaden anrichten.

Eine wesentliche Aufgabe der Beratung besteht darin, sich diese Entstehungsgeschichte bewusst zu machen und sich einem konstruktiven Umgang mit den eigenen Aggressionen anzunähern.

Anna kennt ihre Rechte im Rahmen des Gewaltschutzgesetzes, kann diese jedoch noch nicht für sich in Anspruch nehmen. Sie übernimmt die Verantwortung für die Tat ihres Partners sowie wegweisend für sein ganzes Leben: »Ich will ihm doch nicht schaden. Wo soll er denn wohnen? Er schafft's nicht ohne mich.«

Als er droht, sich etwas anzutun und zum wiederholten Male verspricht, sich zu ändern, nimmt sie ihn wieder in ihrer Wohnung auf, schämt sich jedoch für ihren Rückzieher. Nach zwei Wochen Ruhe schlägt er sie im Streit wieder. Sie beginnt aber langsam neben ihrer Trauer auch ihre Wut zu spüren, die sie nach wie vor als sehr bedrohlich erlebt. Erst als sie durch einen Zufall erfährt, dass ihr Partner immer wieder auf Online-Dating-Plattformen unterwegs ist, erlaubt sie sich, richtig wütend auf ihn zu sein. Sobald Anna ihre Wut zulässt, wachsen ihre Überzeugung, dass sie sich nicht länger so behandeln lassen will, und ihr Mut, ohne ihren Partner zurechtkommen zu wollen. Im dritten Anlauf schafft sie die räumliche Trennung und übernimmt Verantwortung für ihr Leben, nicht mehr für seines. In einem schmerzhaften Prozess gelingt es ihr, die Unrealisierbarkeit ihrer »Realitätskiller-Ideale«, wie sie sie nennt, anzuerkennen und diese in weniger überfordernde, lebbare Ziele zu verwandeln.

Als Beraterin trage ich ihre Ent-Täuschung mit und halte für sie das langfristig befreiende Potenzial dieser schmerzhaften Erfahrung gegenwärtig. Ich unterstütze sie dabei, ein nicht mehr blindes, sondern erfahrungsbasiertes Vertrauen zu entwickeln, mit dem sie, selbstbestimmt und sich ihrer Bedürfnisse bewusst, Beziehungen auf neue Art eingehen kann. In der letzten Beratungsstunde meint Anna: »Die schöne Fassade brauche ich nicht mehr – ich weiß jetzt, was dahinterstecken kann.«

Die drei Phasen der Veränderung und unterstützende Intervention

Veränderungsprozesse in innere und äußere Veränderungen zu unterscheiden kann hilfreich sein, um die jeweiligen Anforderungen klar zu erkennen. Ein neuer Job, ein Umzug oder eine Scheidung sind Veränderungen in der äußeren Realität, die aber nicht gleichzeitig mit dem individuellen inneren Prozess der Veränderung – also wie eine Person sich selbst verändert, wie sie eine Veränderung in der Außenwelt erlebt und diese bewältigt – stattfinden muss.

Eine äußere Veränderung kann einer inneren vorausgehen und diese als Folge erzwingen, z. B. wenn der Partner beschließt, sich zu trennen, und aus der gemeinsamen Wohnung auszieht.

Eine innere Veränderung kann aber auch zu einer äußeren Veränderung führen, z. B. wenn Sie nach einem langen inneren Entscheidungsprozess ihren Job kündigen.

Die drei Phasen, in denen die innere Veränderung, je nach Ihrem eigenen Rhythmus, verläuft, sind folgende:

- Das Beenden: Abschließen mit dem, was man durch die Veränderung verliert.
- Die Neutrale Zone: Leere Landschaft zwischen alter und neuer Realität, alter und neuer Identität. Unsicherheit, Ambivalenz: Das Alte ist vorbei, das Neue noch nicht vertraut. Chance für Kreativität und Entwicklung.
- Der Neubeginn: Die neue Realität wird angenommen und gestaltet.

Die Phase des Beendens

Diese Phase ist begleitet vom Abschiednehmen(müssen), vom Loslassen und vom Trauern über den Verlust von Vertrautem, von Verlässlich-Geglaubtem und kann mit existenziellen Ängsten einhergehen. Vertraute, alte Verbindungen, die gelöst werden (müssen), z. B. wenn der Heimatort mit den familiären Bindungen verlassen wird oder eine einschneidende Reise zu machen ist.

Rollen und Identitäten, die aufgegeben werden, weil sie nicht mehr passend sind, z. B. die Rolle des jungen Mädchens, der Studentin, der Ehefrau. Eine sich wandelnde Rolle und Identität löst häufig bei der betroffenen Person selbst wie auch in ihrer Umgebung mehr oder weniger heftige Verunsicherung und Irritationen aus.

Gewissheiten, die unser Erleben und unsere Handlungen leiten – wie »Ich habe einen sicheren Job« oder »Mein Mann liebt mich, wir werden immer eine Familie bleiben und gemeinsam alt werden« –, die sich plötzlich als Irrtum erweisen und nicht länger Bestand haben.

Orientierungslosigkeit, weil bisherige Ziele, Zukunftsvisionen und -pläne bedeutungslos geworden sind. Die eigene Existenz fühlt sich verwirrend und verzweifelt und wie eine einzige Baustelle an.

Interventionen, die helfen können:

- Identifizieren und benennen, was verloren wird – Gutes ebenso wie Schlechtes.
- Die Wichtigkeit des subjektiven Verlusts anerkennen, auch wenn der Leidensdruck in der Beziehung schon groß war.

- Frühere Gefühle bei Trennungen können wieder erlebt werden und die aktuelle Trennungssituation subjektiv viel schwerer erscheinen lassen, als ihre Bewältigung vielleicht tatsächlich ist. Gemeinsam mit der Beraterin analysieren: Was ist hier und heute traurig und schwierig, was ist ein Rest aus früherer Zeit, der möglicherweise in einer Psychotherapie bearbeitet werden kann.
- Gemeinsam mit der Beraterin erarbeiten: Was kann ein Gewinn sein als Ausgleich für den Verlust? In welchen Bereichen habe ich mich angepasst und eingeschränkt, was wird durch die Veränderung erstmals oder wieder vorstellbar zu tun?
- Definieren: Was ist wirklich vorbei und was bleibt, kann angeeignet werden?
- Rituale entwickeln, um den Abschied klar zu markieren, z. B. neue Frisur, Briefe verbrennen, neues Bett nach eigenen Wünschen anschaffen, Fotos entfernen, Ring abnehmen (und umarbeiten lassen) oder sich von anderen relevanten Objekten trennen, eine Scheidungsanzeige aufgeben, eine Reise machen oder ein Scheidungsfestessen veranstalten, zu dem alle unterstützenden Personen eingeladen werden.

Die Phase der Neutralen Zone

Diese Phase ist eine Art Zwischenstadium, ein weiter leerer Raum mit großem kreativem Potenzial, in dem frau zwischen dem Alten, das schon beendet, und dem Neuen, das noch nicht deutlich ist, steht. Begleitet wird dieser Prozess häufig von Ängsten, Energielosigkeit, Chaos und Selbstzweifel. Diese Leere wird meist als Abwesenheit von etwas Bestimmtem erlebt, von etwas, das schnell wieder ersetzt werden muss.

Dabei ist gerade diese Phase eine Zeit möglicher Neuorientierung und Klärung: »Wer bin ich? Was will ich?«

Hier hilft nur, sich Zeit zu geben, auch gegen den eigenen Druck, schnellstmöglich wieder zu funktionieren!

Interventionen, die dabei helfen können:

- Anerkennen, dass es natürlich ist, sich in diesem unbekannten Gebiet auch ängstlich und verwirrt zu fühlen.
- Vorübergehende haltgebende Strukturen und Routinen erarbeiten, z. B. zu bestimmten festen Zeiten aufzustehen, zu essen, mit einer Freundin zu telefonieren, spazieren zu gehen, Sport zu treiben oder einen Zeitplan für Haushaltsrituale zu erstellen.
- An einer Frauengruppe zur gegenseitigen Unterstützung teilnehmen oder eine solche gründen.
- Sich Zeit für sich alleine nehmen, alleine verreisen. Sich öffnen und offenbleiben für innere und äußere neue Erlebnisse, Eindrücke, Wahrnehmungen, ohne daraus gleich bestimmte Ziele ableiten zu müssen oder sich zu schnell darauf zu fixieren. Sich selbst fragen: »Was will ich wirklich?« – dazu Gefühle und Gedanken aufschreiben.
- Die eigene Lebensgeschichte aufschreiben, vielleicht über mehrere Generationen hinweg. Dabei können völlig neue Bedeutungszusammenhänge und Sichtweisen entstehen.

Die Phase des Neubeginns

Diese Phase ist ein Sich-Einlassen auf das Neue, verbunden mit dem Wunsch, es zu gestalten. Diese Phase ist oft von Erleichterung gekennzeichnet, aber auch ambivalente Gefühle und Ängste sind noch möglich. Ein Neubeginn ist selten dramatisch sichtbar, sondern eher unauffällig. Das neue Bild von sich selbst nimmt sukzessive Gestalt an, und neue Ideen bringen Bewegung hinein. Dieser Prozess kann auch bestehende Vereinbarungen und Verpflichtungen infrage stellen, und Rollen sind neu auszuhandeln und auszuprobieren.

Interventionen, die dabei helfen können:

- Erfahrungen aus früheren Veränderungsprozessen für sich nützen: »Was war hilfreich?«, »Haben sich im Beenden und Neuanfangen

Muster gezeigt, die sich als weiterführend und unterstützend erwiesen haben?«

- Muster des Beginnens können durch das Erzählen und/oder Schreiben einer Geschichte zum Thema »Ein neues Kapitel in meinem Leben begann, als ...« erkennbar werden.
- Identifikation mit den neuen Zielen: imaginieren, wie es sich anfühlen wird, das Ziel erreicht zu haben.
- Schritt-für-Schritt-Prozess: Kleine Aktivitäten initiieren, die Aussicht auf schnelle kleine Erfolge haben – Etappenziele formulieren und sich ganz bewusst Belohnungen dafür gönnen.
- Neue Entwicklungen und Erkenntnisse bestärken und ermutigen – sie wie eine »junge Pflanze« hegen und pflegen.
- Den Anspruch, sofort perfekt in der neuen Rolle zu funktionieren, radikal infrage stellen.
- Erfolge wertschätzen und feiern.
- Einige Kontinuitäten bewahren.
- Symbole für die neue Identität, die neue Rolle finden, z. B.: die Wohnung neu gestaltung und einen Raum für sich einrichten; die Art, sich zu kleiden, ändern; ein neuer Haarschnitt; eine geänderte (Körper-)Haltung; den eigenen Namen wieder annehmen.
- Neue Bezeichnungen für sich und die eigene Rolle finden, sich als »ungebunden und frei« statt als »verlassen« oder »geschieden« beschreiben: als »befreite Frau«, »Frau am Neubeginn«, »Frau ohne eheliche Pflichten«, »nicht mehr manipulierbare Frau«, »eigenwillige Frau«, »Frau mit Eigen-Sinn«, »Frau, die zur eigenen Meinung stehen darf«, »Frau, die in ihren Möglichkeiten nicht mehr beschnitten wird«, »selbständige Frau«, »Frau mit Eigenverantwortung«.
  Ein ganz persönliches Beispiel einer Klientin: »Frau, die *barfuß durch die Wohnung* geht;-) und diese Freiheit bewusst genießen kann. Klingt banal, aber das war das Erste, wo ich meine Freiheit so richtig bewusst genießen konnte.«

Im Gegensatz zu der in unserer Kultur vorherrschenden Individualisierung und Privatisierung finden sich in traditionelleren Gesellschaften meist noch zahlreiche öffentliche Rituale für die Übergänge von Lebensphasen, wie z. B. ein Trauerjahr, die bei der Bewältigung helfen.

Jede Veränderung beinhaltet die zwei Seiten einer Medaille: das Ent-Binden und der Abschied von Vertrautem sowie Möglichkeiten zu Neuem – jeweils im Positiven wie im Negativen. Je nach Initiative werden die Phasen unterschiedlich erlebt: Wer selbst die Trennung initiiert hat, gesteht sich die Bedeutung des Beendens mitsamt Trauer und Abschied weniger zu, auch um die eigene Entscheidung nicht infrage zu stellen. Ebenso irritierend kann die Traurigkeit sein, die sich einstellt, nachdem genau das erreicht wurde, was frau wollte.

Wer unfreiwillig eine Trennung durchmachen muss, kann oft nicht die Chance des Neubeginns und der eigenen Entwicklung wahrnehmen, etwa die Chance herauszufinden, was das Leben noch für Möglichkeiten bietet, z. B. bisher unentwickelte Talente und Interessen zu entdecken.

»Etwas kann erst gehen, wenn es da sein darf.« Gabriele Pröll. Voraussetzung für eine gelingende Trennungsbewältigung ist das Anerkennen des erlittenen Verlusts und die Trauer darüber als bewusstes Erleben aller mit der Trennung verbundenen Emotionen (Schmerz, Wut, Enttäuschung, Kränkung). Denn erst mit dem Zulassen wird ein Loslassen möglich. Ebenso notwendig ist es, noch gehegte Hoffnungen und gemeinsame Zukunftsperspektiven endgültig aufzugeben, die Zuwendung zurückzunehmen und die Orientierung am »wir« und am »er« ad acta zu legen. Die Paaridentität wird aufgelöst und die selbstverständliche Zugehörigkeit beendet. Vertraute Rollen müssen aufgegeben und die soziale Verortung neu gefunden werden. Die eigene Identität und der eigene Lebensplan wollen neu definiert werden. Dieser Prozess bietet die Chance, sich endlich auf das eigene Selbst zu konzentrieren und die zentralen Fragen »Was will ich, was brauche ich, wie will ich leben?« zu klären.

◈ Alina: Ein Zimmer für mich allein

Alina kommt aus Weißrussland und arbeitet seit 15 Jahren in Österreich als Pflegekraft. Mit ihrem Lohn erhält sie ihren alkoholkranken Mann, der ihr keinerlei Wertschätzung entgegenbringt und Affären mit anderen Frauen hat. Trotz der schmerzhaften Kränkung durch den Betrug will sie nicht an Scheidung denken. Der gesellschaftliche Druck, den sie spürt, ist enorm. Eine Scheidung hält sie für eine große Schande, in ihrem Herkunftsland ist sie laut eigener Aussage »als geschiedene Frau ein Nichts«. Sie steht unter extremem Leistungsdruck, schickt ihren Eltern regelmäßig Geld: »Ich soll für alle Zuhausegebliebenen Erfolg haben.« Erst als sie aufgrund der Überlastung psychosomatische Symptome entwickelt, kommt sie zur Beratung. Sie kann kaum mehr essen und schlafen und hat permanent Magenschmerzen.

In der Beratung erzählt sie von einem dauernden Druck auf der Brust, der sie nicht mehr frei durchatmen lässt. Auf die Frage, was dieser Druck ihr sagen will, beginnt sie zu weinen: »Ich halte das nicht mehr aus. Immer für die anderen tun, immer freundlich sein, immer treibe ich mich an, aber es ist nie genug ...« Das Weinen bringt etwas Erleichterung und sie kann wieder tiefer atmen.

Im Laufe der Beratung erkennt sie: »Ich habe die Idee von der erfolgreichen Familie geliebt, nicht den Mann selbst.« Das Glücksversprechen der Heirat hat sich nicht erfüllt. Schritt für Schritt traut sich Alina, eigene Wünsche und Bedürfnisse zu formulieren. Es braucht Mut, eigene Vorstellungen von einem glücklichen Leben zu entwickeln und sich von dem frei zu machen, was uns angeblich glücklich macht. In der Beratung findet sie einen Ort dafür, sich in Ruhe Gedanken darüber zu machen, was sie selbst will.

Es braucht Zeit und Geduld, sich aus den vielen Schichten fremder Erwartungen und Aufträge herauszuschälen. Langsam wird Alina klar, dass sie nicht mehr bereit ist, ihr Leben an den Anforderungen anderer Menschen – ihres Mannes, ihrer Herkunftsfamilie, ihrer ganzen Kultur – auszurichten. Sie beschließt, erst einmal allein zu wohnen, um sich klar darüber zu werden, wie sie leben will. Sie lernt, die Zumutungen ihres Mannes und ihrer Herkunftsfamilie zurückzuweisen: »Ich hab genug von denen, die mir vorschreiben wollen, was ich tun soll!« Im Zimmer für sich allein (in ihrer Wohnung, in den Beratungsstunden) kommt sie zum ersten Mal in ihrem Leben zur Ruhe und zum Nachdenken. Sie genießt es, endlich einmal Zeit für sich zu haben, ihre Tage nicht mit tausend Dingen, die sie früher ununterbrochen für irgendein Familienmitglied zu erledigen hatte, zu füllen, sondern sich Stunden freizuhalten von Terminen und Verpflichtungen.

Ihr Mann und ihre Eltern sind empört: »Du vernachlässigst deine Pflichten als Ehefrau und Tochter.« Sie geht stundenlang allein spazieren und kommt zu dem Schluss, dass sie weiterhin so leben will: »Zum ersten Mal im Leben entscheide wirklich ich über das, was ich tun und nicht tun will.« Sie hat sich vom Druck der vielen fremden Stimmen befreit, die meinten, »das gehört sich nicht«, »eine Frau muss halt ...«, »eine Frau kann halt nicht ...«.

Mit der Ruhe kommt auch die innere Kraft wieder. Sie schläft und isst regelmäßig und fühlt sich endlich wieder zuhause in ihrem Körper. Auf die Frage einer Freundin, ob sie nicht einsam wäre, antwortet sie: »Früher war ich einsam neben meinem Mann, jetzt bin ich gern allein mit mir.«

Alina hat die vorgefertigten Glücksversprechen, die sich als trügerisch erwiesen haben, zurückgewiesen und sich neue, selbstbestimmte Lebensmöglichkeiten eröffnet. In unserer letzten Beratungsstunde zieht sie Resümee: »Ich habe einfach die Vorstellung nicht mehr ausgehalten, dass es das jetzt gewesen sein soll. Endlich hab ich mein Leben in die Hand genommen – und ich habe noch viel vor!«

In der Beratung ist das Verfremden eine gute Methode, neue Erkenntnisse jenseits des Selbstverständlichen zu gewinnen. »Wie könnte es anders sein?« ist eine ganz zentrale Frage. Sie lässt uns eine andere Perspektive als die gewohnte einnehmen. Wir versuchen eine Außenperspektive zu entwickeln, indem wir die eigene Geschichte oder eine selbst erlebte konflikthafte Szene in der dritten Person erzählen oder aufschreiben, z. B. einen Streit aus der Sicht des Gegenübers oder einer unbeteiligten Person schildern: »Wie würden Sie das Ganze beurteilen, wenn es Ihnen eine Fremde erzählen würde?« Diese Verfremdung macht bewusst, dass es nicht so bleiben muss, wie es ist. Die Verfremdung macht Lust auf Neues.

Kritische Distanz kann Erkenntnisgewinn und mehr Klarheit bringen. Sara Ahmed beschreibt in »Living a Feminist Life»[24] die Erfahrung eines Mädchens, das zu Weihnachten immer eine Puppe mit Stupsnase, gelben Haaren und blauen Augen geschenkt bekam und diese nicht gern haben konnte, weil sie ihr so fremd vorkam. Obwohl ihr das Verhalten der Erwachsenen anzeigte, dass das doch das schönste Geschenk zum Spielen und Liebhaben sein sollte, zerlegte sie diese Puppen, anstatt mit ihnen zu spielen. Ihr Forscherinnengeist war geweckt. Die kritische Distanz zu einem Wunsch ist nur dann möglich, wenn ich diesen Wunsch nicht gleich als meinen eigenen akzeptiere und seiner Erfüllung nachjage, sondern mir tatsächlich überlege: »Will ich das wirklich, was mir da als Glücksobjekt angeboten wird?«

Im Abstandnehmen werden wir kritikfähig. Und manchmal geht es darum, sich gerade nicht von dem glücklich und zufrieden machen zu lassen, von dem uns eingeredet wird, dass es uns glücklich machen wird, etwa im Versprechen »Ihre Hochzeit – der schönste Tag in Ihrem Leben«.

Das »Killer-Ideal« (Zitat einer Klientin) der heilen Familie – Vater-MutterKind – erweist sich oft als Falle, als Illusion. In die Aufrechterhaltung dieser schönen Fassade wird oft jahrzehntelang sehr viel Energie gesteckt. Das Ergebnis sind Erschöpfung und Einsamkeit.

Frauen fragen sich in der Beratung, »warum bin ich nicht glücklich, ich sollte doch glücklich sein?«, und stellen fest: »Ich habe eine Familie, eine Wohnung, einen Job und fühle mich dennoch eingeengt, nicht wahrgenommen, nicht anerkannt, leer ...« Ein Zustand mit wenig Leidenschaft und viel Pflichterfüllung. Viel Verantwortung für andere statt für sich selbst.

Allzu oft wird ein normatives Ideal übernommen: »Dieses habe ich mir zu wünschen, jenes habe ich als Frau anzustreben.«

Eigene Wünsche entstehen zu lassen braucht Zeit – auch dazu dient Beratung. Denn jeder Leidensdruck, jedes Unbehagen ist auch ein Potenzial für Veränderung.

Sarah Ahmed ermutigt uns in ihrem Manifest »Living a Feminist Life«, sich zu trauen, eine Spaßverderberin, eine *killjoy* zu sein: »Das anwesende feministische Subjekt verdirbt den anderen also die Stimmung, und zwar nicht nur deshalb, weil sie über unerfreuliche Themen wir Sexismus spricht, sondern auch, weil sie enthüllt, wie das Gefühl des Glücklichseins aufrechterhalten wird, nämlich durch die Auslöschung aller Anzeichen von Unstimmigkeiten. [...] Feministinnen sind vielleicht die Fremden in der Tischgesellschaft des Glücks.«[25]

Shulamith Firestone hat schon in den 1970ern Frauen und Mädchen zum Lächel-Embargo aufgerufen. Andere Möglichkeiten der Aufmüpfigkeit sind Hochzeitsstreiks und Trennungsfeiern, neue Modelle des Zusammenlebens als Alternative zur patriarchalen Kleinfamilie, etwa polyamore solidarische Bündnisse. Es lebe die feministisch-widerständige Fantasie!

Ann Cvetkovich und Lauren Berlant (Feel Tank Chicago) haben dafür den treffenden Slogan gefunden: »Depressed? It might be political!«[26] Aus dem Bewusstsein geteilter Verletzlichkeit, aus Ratlosigkeit, Traurigkeit, Angst und Wut kann Solidarität entstehen, wenn wir diese Gefühle teilen und gemeinsam die Ursachen dafür untersuchen. Aus

»Ich verstehe die Welt nicht mehr« kann gemeinsames Widerständiges entstehen. Beispiele liefert hier die »Gruppe für aufmüpfige Frauen* über 50« bei »Frauen* beraten Frauen*«, in der Widerständigkeit im Alltag diskutiert und praktiziert wird, in kleinen und größeren Aktionen, allein oder zu mehreren. Oder auch: sich gegen Ungerechtigkeiten zu erheben; sich einzumischen; zu fragen, worum es geht, wenn z. B. fünf Polizisten einem Angehaltenen gegenüberstehen; Obdachlose ansprechen und beim Kältetelefon anzurufen und damit zu zeigen, dass etwas gesehen wird.

Aus der besagten Gruppe entstand auch das Projekt zu einem Kurzfilm mit dem Titel »growing b/old« der Autorin Daniela Beuren: In der Frauenberatungsgruppe »Aufstand statt Ruhestand« erzählten Frauen über 50 ihre Alltagsheldinnengeschichten: mutige Aktionen und Reaktionen gegenüber ihrer Umwelt, die sie sich früher nicht getraut hätten, ja nicht einmal hätten vorstellen können, und mit denen sie diese Umwelt verblüfften, die von ihnen aufgrund ihres Alters dergleichen nicht erwartet hätte.

In der Beratung fällt immer wieder auf, wie selbstverständlich das Fehlen eines Frauenraums, also eines Raums in der Wohnung oder im Haus, den SIE für sich beanspruchen kann, hingenommen wird. Hingegen sind Räume für IHN, oft verbrämt als »Arbeitsraum«, »Werkstatt«, »Hobbykeller«, ganz selbstverständlich. Vor allem Bad und WC, die von allen Familienmitgliedern genutzt und deshalb nicht für sich allein beanspruchbar sind, dienen Frauen in Gewaltbeziehungen als Zufluchtsort.

»IST DAS NORMAL ODER IST DAS SCHON GEWALT?«

»Vielleicht bilde ich mir das alles nur ein und es ist gar nicht so schlimm, wie ich es empfinde ...«, »Ich darf doch die Familie nicht zerstören, ich darf doch den Kindern nicht den Vater wegnehmen ...«

Untersuchungen[27] zeigen das nach wie vor enorme Ausmaß an männlicher Gewalt gegen Frauen in Paarbeziehungen mit erhöhtem Risiko in Trennungsphasen.[28] Nach der Kriminalstatistischen Auswertung zu Partnerschaftsgewalt 2018 des Bundeskriminalamtes (BKA) vom 25.11.2019 sind die Zahlen in Deutschland im Vergleich zum Vorjahr weiterhin hoch, in einigen Bereichen sogar leicht gestiegen.

Laut der BKA-Statistik wurden insgesamt 140.755 Personen (Vorjahr: 138.893) Opfer versuchter oder vollendeter Gewalt (Mord und Totschlag, Körperverletzungen, Vergewaltigung, sexuelle Nötigung, sexuelle Übergriffe, Bedrohung, Stalking, Nötigung, Freiheitsberaubung, Zuhälterei und Zwangsprostitution). 81,3 Prozent davon sind Frauen, 18,7 Prozent Männer.

Somit waren insgesamt 114.393 (2017: 113.965) Frauen und 26.362 Männer (2017: 24.928) von Partnerschaftsgewalt betroffen.

Alarmierende Zahlen! Denn das bedeutet: An jedem dritten Tag wurde eine Frau durch Partnerschaftsgewalt getötet, und mehr als ein Mal pro Stunde statistisch gesehen eine Frau durch ihren Partner gefährlich körperlich verletzt.

Dabei bildet die Statistik nur jene Straftaten ab, die angezeigt wurden. Die Dunkelziffer ist also weitaus höher: Danach dürfte jede dritte Frau in Deutschland mindestens einmal in ihrem Leben von Gewalt (also nicht nur von Partnerschaftsgewalt) betroffen sein. Statistisch gesehen sind das mehr als 12 Millionen Frauen.[29]

In Österreich ist jede fünfte Frau – also 20 Prozent der Frauen – ab ihrem 15. Lebensjahr körperlicher und/oder sexueller Gewalt ausgesetzt.[30] Jede 3. Frau musste seit ihrem 15. Lebensjahr eine Form von sexueller Belästigung erfahren. Jede 7. Frau ist ab ihrem 15. Lebensjahr von Stalking betroffen.

2018 gab es laut polizeilicher Kriminalstatistik 41 Morde an Frauen. Zum Vergleich: 2014 wurden 19 Frauen umgebracht. Es kam also seither zu mehr als einer Verdoppelung der ermordeten Frauen – ein trauriger Rekord. Monatlich werden mittlerweile etwa 3 Frauen ermordet. Beim überwiegenden Teil der Frauenmorde bestand ein Beziehungs- oder familiäres Verhältnis zwischen Täter (z. B. Partner oder Ex-Partner) und Opfer. Insgesamt gab es 2018 55 Mordfälle sowie 76 Täter, davon waren 41 Inländer, 35 Täter kamen aus dem Ausland. Wie aus einem aktuellen Bericht des Bundesministeriums für Inneres hervorgeht, wurden im Laufe des Jahres 2019 34 Frauen – häufig von ihren (Ex-)Partnern oder Familienmitgliedern – ermordet (Stand: Dezember 2019).[31]

Frauen verleugnen diese Gewalt oft lange Zeit, auch wenn die psychischen Beeinträchtigungen und Lebenseinschränkungen schon offensichtlich sind. Die Kinder leiden unter der Gewalt, auch wenn diese »nur« miterlebt wird und die Aggression sich nicht direkt gegen sie richtet. Dieses Leiden ist ernst zu nehmen und darf nicht verleugnet werden.

Gewalt dient der Etablierung und Aufrechterhaltung von Macht und Kontrolle über Menschen. Gewalt ist also ein Mittel, das zu einem bestimmten Zweck eingesetzt wird – und passiert nicht einfach so, weil der Gewalttäter nicht anders kann (eine schlimme Kindheit hat, Alkoholiker ist, sich provoziert oder hilflos fühlt).

Muster der Beziehungsdynamik, die das Entstehen von Gewalt begünstigen

Beziehungsdynamik *funktionierende* Frau:

- SIE hat bestimmte Funktionen für IHN in seinem Lebensplan zu erfüllen. Er betrachtet seine Frau nicht als Subjekt mit eigener Identität, eigenen Vorstellungen und Wünschen, sondern als ergänzendes Objekt zu sich selbst. Gewalt dient hier als Disziplinierungsinstrument.

Beziehungsdynamik Symbiose:

- Eine isolierende Liebe, in der SIE, die eigene Unvollkommenheit kompensierend, IHM ständige Zuwendung und Bestätigung bietet.

Einem Trennungswunsch der Partnerin wird oft mit verstärkter Destruktivität begegnet: »Wenn ich dich nicht haben kann, darf dich auch kein anderer besitzen.« Gewalt steht hier im Kontext von Verlustängsten, Eifersucht, Kontrolle, Festhalten-Wollen.

Faktoren, die das Risiko für Gewalt in einer Beziehung grundsätzlich begünstigen, sind,

a) wenn die Partnerin nicht als Subjekt mit eigener Identität, eigenen Vorstellungen und Wünschen, sondern als *ergänzendes* Objekt zu sich selbst verstanden wird,
b) wenn Frauen selbst noch sehr unklare Vorstellungen haben, was ihre Wünsche und Ziele im Leben und in einer Partnerschaft sein könnten, und so Gefahr laufen, gesellschaftliche Klischeevorstellungen oder die Vorstellungen des jeweiligen Partners unhinterfragt zu übernehmen, und so über sich bestimmen lassen.

Die Geschichte von Carola S.

Sie kommt in die Beratung, weil sie unter der extremen Eifersucht und Kontrolle ihres Mannes leidet. Er ist gehässig, verächtlich zu ihr, auch vor den Kindern, will seine Frau »erziehen«. Am meisten trifft sie seine Anschuldigung, eine schlechte Mutter zu sein. Hier treffen seine Manipulationen auf ihre eigenen, viel zu hohen inneren Ansprüche, wie eine Mutter zu sein habe (völlig selbstlos, niemals wütend, immer mit Engelsgeduld, ohne Bedürfnisse nach eigener Zeitgestaltung oder Freizeitaktivitäten, rund um die Uhr liebevoll und verfügbar, 365 Tage im Jahr).

*Obwohl es offensichtlich ist, dass ein solches Mutterbild für reale Menschen unmöglich zu erfüllen ist – und sicher auch nicht sinnvoll, wenn keine Egoman*innen ohne Mitgefühl und Respekt herangezogen werden sollen –,* *füttert diese Mutter-Ideologie (s. Kapitel* Karrieregeile Rabenmutter oder überfürsorgliche Helikopterglucke?*) dennoch Carolas Selbstzweifel.*

Die Herausforderung ist nun, (wieder) zu lernen, der eigenen Wahrnehmung zu trauen, die Entwertungen des Partners infrage zu stellen (»Ich sehe das anders«), die Differenzen anzuerkennen und aufzuhören, Einheit vorzutäuschen.

Anfangs fällt es Carola enorm schwer, zu ihren eigenen Wertmaßstäben zurückzufinden: »Ich weiß gar nicht mehr, was ich fühle, ich weiß nicht mehr, was ich will, ich habe mich an so vieles gewöhnt.« Das Vertrauen in die eigene Wahrnehmung wiederzuerlangen kann mühevolle, harte Arbeit sein.

Der Dialog mit der Beraterin kann dabei helfen, sich selbst buchstäblich wahr-zu-nehmen, die eigenen Gefühle und Gedanken (wieder) ernst zu nehmen, sich zu trauen, diese Gefühle und Bedürfnisse zu spüren und zu den eigenen Bedürfnissen zu stehen. Diese Klarheit stärkt die eigene Position.

Tief in sich drin hat Carola das Bewusstsein über ihre eigenen Werte bewahrt. Im Grunde weiß sie, dass sie Gleichwertigkeit und Gleichberechtigung in einer Beziehung leben will. Sie weiß im Grunde ihres Herzens, dass sie gegenseitigen Respekt und Anerkennung braucht und sich das alles auch für ihre beiden Töchter wünscht. Dieses Wissen und der starke Wille, ihre Kinder nicht länger durch ein so schädliches Vorbild zu belasten, lassen sie an der Beratung dranbleiben, auch über schmerzhafte Phasen hinweg. Sie muss erkennen, wie viel sie sich und den Kindern schon zugemutet hat. »Ich war für meinen Mann mehr Mutter als für meine Kinder. Ich wollte sie ruhighalten, um ihn zu besänftigen.«

Sie selbst ist schon ein Stück weit abgestumpft gegenüber den jahrelangen Demütigungen und Beschimpfungen. Sie lässt ihren Mann schon seit Jahren ihr Handy kontrollieren, um noch mehr Aggression von seiner Seite zu vermeiden. Sie trifft kaum mehr Freundinnen, um den Schimpftiraden ihres Mannes rund um solche Treffen keinen Anlass zu geben. Außerdem vermieste er ihr die Freude an solchen Begegnungen, indem er sie mit Anrufen und Nachrichten bombardierte, die Kinder bräuchten ihre Mutter zuhause.

Für Carola ist all das schon fast normal geworden. Ihr Selbstwertgefühl ist durch die ständigen Angriffe und Beschuldigungen so geschrumpft, dass sie sich kaum vorstellen kann, etwas an der Situation zu ändern. Sie spürt allerdings den Leidensdruck ihrer Töchter, die sich auffällig unauffällig und überangepasst verhalten. Sie sagen: »Lass uns ganz ruhig sein, damit der Papa nicht wieder schreit.«

Im Laufe der Beratung kristallisiert sich heraus, dass Carolas Mann nicht nur die destruktive Meinung vertritt, seine Frau habe für seine Bedürfnisse da zu sein und kein eigenes Leben außerhalb der Beziehung zu führen, sondern auch starke Minderwertigkeitsgefühle und Angst hat, seine Frau zu verlieren. Da er auch im Rahmen einer Paarberatung keinerlei Einsicht zeigt und nicht bereit ist, seine Einstellung und sein Verhalten zu ändern – er beharrt weiter auf seinem Standpunkt, seine Frau müsse sich eben seinen Vorstellungen anpassen und so leben, wie er es für richtig hält –, entschließt sich Carola zur Trennung.

Diesen Schritt zu wagen erfordert sehr viel Kraft, weil ihr Mann ihr auch an der Trennung die gesamte Schuld zuschreibt (»DU zerstörst die Familie!«, »DU bringst mich dazu, dich anzuschreien!«). In der Beratung erkennt Carola, dass genau diese Schuldzuweisungen und das Fehlen jeglicher Übernahme von Verantwortung ihre Entscheidung noch einmal als richtig bestätigen.

Mithilfe der Beratung kann sie sich soweit stärken, dass sie endlich auch Unterhalt einfordert (während der Ehe musste sich für jeden Einkauf um Geld ersuchen und peinlich genau rechtfertigen, warum sie was gekauft hatte).

Schritt für Schritt traut sie sich aus dem Einflussbereich ihres Mannes herauszutreten und zieht die Scheidung mit begleitender Beratung durch. Heute lebt Carola mit ihren Kindern in einer deutlich kleineren Wohnung, aber unendlich erleichtert über die Trennung, für die sie viel Mut gebraucht hat. »Ich kann heute gar nicht mehr fassen, dass ich diesen Alptraum so lange ertragen habe. Meine Töchter sind fröhliche, unbeschwerte Mädchen geworden. Endlich fühlen wir uns frei.«

Ein Jahr nach Ende des Beratungsprozesses schreibt mir Carola, dass sie sich selbst deutlich weniger unter Druck setzt, liebevoller, geduldiger und großzügiger mit sich umgeht. Statt sich von den Bedürfnissen eines Partners vereinnahmen zu lassen, gönnt sie sich selbst Ruhe und Auszeit zum Nachdenken. All die Energie und Zuwendung, die sie früher für ihren nie zufrieden zu stellenden Mann aufgewendet hat, richtet sie nun auf das Ziel eines guten Lebens für sich und ihre Töchter. Statt der früher dauernd in ihrem Kopf kreisenden Frage »Wie kann ich noch mehr tun?« stellt sie sich immer öfter die Frage: »Wie kann ich es mir selbst leichter machen?« Und immer öfter gibt sie sich selbst die Rückmeldung: »Es ist gut genug, was ich getan habe, ich darf und will es gut sein lassen.«

Wie das Ungleichgewicht zwischen dem Für-mich-Leben und dem Für-andere-Leben entsteht

»Ich möchte es so gern allen recht machen.«
»Ich wollte unbedingt alles richtig machen.«
»Ich bin nicht gut genug.«

Kennen Sie solche Sätze? All diese Aussagen sind typisch weibliche Fallen der Selbstentwertung. Die Basis solch destruktiver Botschaften bilden unsere Kultur und Gesellschaft, die von Frauen die ständige Bereitschaft, sich zu verbessern, und dauernde Arbeit an sich selbst – innerlich wie äußerlich – verlangt. Häufig werden diese Anforderungen verstärkt durch Partner, die davon profitieren, wenn das Denken der Frauen ständig darum kreist, sich seinen Erwartungen anzupassen. Feministische Beratung unterstützt Sie dabei, das eigene Selbstwertgefühl zu stärken und selbst Maßstäbe der Bewertung zu setzen.

Versuchen Sie neue Sätze: »Ich mache die Dinge gut genug.«

»Ich mache es so gut, wie es mir im Moment möglich ist. Das ist gut genug.«

»Ich will es mir selbst recht machen.«

Verantwortung und Freiheit

Frauen sind dazu sozialisiert, Verantwortung für andere zu übernehmen, sich zuständig für die Erfüllung der Bedürfnisse anderer zu fühlen. Oft bleiben dabei die eigenen Interessen auf der Strecke. Es geht um ein gutes Gleichgewicht zwischen dem Für-mich-Sein und dem Für-den-anderen-Sein. In engem Zusammenhang damit steht die Falle des Gefallen-Wollens.

Für einen Partner alles zu übernehmen bedeutet auch Macht. Er ist dann abhängig von der Frau, die ihm alles abnimmt und sein Leben organisiert. Diese Mutter-Sohn-Dynamik findet sich immer wieder bei Frauen mit suchtkranken Partnern, Alkoholikern oder Spielsüchtigen, aber auch bei depressiven Partnern, bei Partnern, die die Sprache des Landes nicht sprechen oder die Schulden angehäuft haben, die sie angeblich allein nicht mehr bewältigen können. Wie bei tatsächlichen Müttern und Söhnen ist es notwendig, dem Partner zuzutrauen und zuzumuten, sein Leben zu bewältigen. Sich alles selbst aufzubürden und womöglich nach außen hin auch noch die Fassade einer funktionierenden gleichberechtigten Beziehung aufrechtzuerhalten, kann sehr destruktiv sein.

Hier geht es ganz wesentlich um Selbstwert: »Was bin ich mir wert?«, »Darf ich einen Mann wollen, der eigenständig ist und mich unterstützt, oder habe ich Angst, dass ein solcher Mann mich verlässt, weil ich nicht gut genug bin für ihn, weil er nicht von mir abhängig ist?«

Der ganz bewusste Satz »Ich gebe dir deine Verantwortung zurück« kann sehr befreiend wirken. Eine Ratsuchende aus der Trennungsgruppe: »Ich muss ihn nicht mehr durchs Leben tragen!«

So wie Männer lernen müssen, mit ihrer eigenen Verletzlichkeit, Angst und Abhängigkeit zurechtzukommen, ohne gewalttätig zu agieren, müssen Frauen lernen, nicht nur für andere da zu sein, sondern eigenständig und autonom für sich zu denken und zu handeln. Beide Pole sind wichtig, es geht darum, ein gutes Gleichgewicht zwischen Autonomie und Bindung zu finden.

In einer Beziehung müssen beide Luft zum Atmen haben, die Bedürfnisse beider sind gleich wichtig, partnerschaftliches Aushandeln und gegenseitige Unterstützung sind die notwendige Basis, auf der ein glückliches gemeinsames Leben entstehen kann.

Das Tabu der weiblichen Aggression gegen andere

»Ich will ihm auf keinen Fall wehtun« ist ein häufiger Satz in der Beratung. Oft äußern ihn Frauen, die selbst viele Kränkungen durch ihren Partner erlebt haben und mit sich selbst schonungslos umgehen. Das schonungslose Umgehen mit sich selbst steht in starkem Widerspruch zum Gebot, keinesfalls dem Partner wehzutun oder ihm Schaden zuzufügen, wobei manchmal sogar die eigenen Rechtsansprüche (Unterhalt, Vermögensaufteilung oder Alimente für die Kinder) als »Schaden« für den Mann gesehen werden. Viele Frauen sind bereit, auf das zu verzichten, was ihnen zusteht, nur um eine friedliche Trennung zu erreichen und nicht vom Partner als »die Böse« oder »die Gierige« beschuldigt zu werden. Allerdings schützt diese Konfliktscheu in den meisten Fällen nicht vor irrationalen Beschuldigungen. Wer von allen immer nur für »die Gute« gehalten werden will, schadet sich unter Umständen selbst. Jemand, der die Verantwortung für sein Leben auf Sie als Partnerin abwälzen will, wird Sie niemals für »die Gute« halten, egal wie selbstlos Sie vorgehen. Ebenso wird ein Partner, der Sie als seinen Besitz ansieht, nicht freiwillig in eine friedliche einvernehmliche Trennung einwilligen, egal wie sehr Sie ihm entgegenkommen und auf was Sie alles verzichten. Wichtig ist, dass Sie selbst die Geschichte und Ihre Position darin kennen und nicht glauben, was jemand mit eigenen Interessen über Sie erzählt.

Im Verlauf der Beratung wird oft deutlich, dass es Mitleid ist, das noch an den Partner bindet, manchmal auch Schuldgefühle, nicht weiterhin alles auszuhalten, gescheitert zu sein, ihn im Stich zu lassen.

Feministische Beratung fördert, das Mit-Gefühl mit sich selbst wieder zu beleben, das oft durch jahrelanges Übergehen betäubt wurde und neue Aufmerksamkeit braucht.

Auch hier gilt der Grundsatz: Schweigen schwächt. Zur Sprache, zum Ausdruck bringen stärkt. Schweigendes Hineinfressen von Verletzungen und Ärger schadet Körper und Seele. Kränkungen können krankmachen, wenn sie nie einen Ausdruck finden dürfen. Die eigene Wut zu spüren statt immer nur Traurigkeit und Schuld, stärkt Haltung und Auftreten. Damit wird es möglich, etwas zu fordern und durchzusetzen. Ganz wichtig: Wir müssen das weibliche Gebot des Durchhaltens um jeden Preis, das zwingt, Belastungen wie psychische Gewalt, wie Entwertung und Herabwürdigung auszuhalten, infrage stellen!

»Meiner Liebe wirst du nicht entgehen« – Ein Blick auf den Narzissmus

Nadja, die täglich von ihrem Partner hört: »Du schaffst nichts ohne mich«, sagt:

»Am Anfang war ich sehr verliebt. Anton hat um mich geworben, er hat mir jeden Wunsch von den Augen abgelesen und mich auf Händen getragen. Ich war so glücklich, endlich habe ich meinen Seelenverwandten gefunden,

dachte ich. Nach der Hochzeit hat sich das sehr bald geändert. Er ist extrem eifersüchtig geworden und hat begonnen, mein Handy zu kontrollieren und mir zu unterstellen, ich würde mit Kollegen flirten. Erst langsam habe ich erkannt, dass er mich von meiner Familie und meinen Freunden isolieren will. ›Wir brauchen doch nur uns‹, hat er gemeint und ist zuerst traurig, dann aggressiv geworden, wenn ich etwas ohne ihn unternehmen wollte, und sei es nur eine Freundin treffen. Er wollte nicht, dass ich ein eigenes Leben habe, mein Leben sollte sich ausschließlich um ihn und seine Bedürfnisse drehen.«

Narzissmus ist ein häufiges Thema in den Beratungen: Die mythische Figur Narziss wies die Liebe anderer zurück und verliebte sich in sein eigenes Spiegelbild im See, in den er schließlich stürzte und ertrank.

Wie bei allen Diagnosen ist auch hier Vorsicht geboten. Denn ohne eingehende Gespräche mit psychiatrisch kundigen Expert*innen eindeutig zwischen einem (mehr oder weniger eigenwilligen) Persönlichkeitsstil und einer krankhaften Persönlichkeitsstörung zu unterscheiden, wäre in jedem Fall unseriös. Um das Verhalten eines Menschen besser zu verstehen, hilft es zu prüfen, ob bestimmte Persönlichkeitsmerkmale zutreffen.

Am Beispiel des narzisstischen Persönlichkeitsstils: Wir alle haben narzisstische Anteile in uns, die uns auch guttun können. Ein gesunder Narzissmus rückt uns selbst ins Zentrum unserer Aufmerksamkeit, lässt uns unsere eigenen Bedürfnisse wichtig nehmen, anstatt sie hintanzustellen, und bewahrt uns davor, uns völlig im anderen zu verlieren. Narzisstische Menschen strahlen oft enormen Charme aus, sind verführerisch und beliebt. Allerdings: Je stärker ausgeprägt dieser Persönlichkeitsstil, desto glanzvoller ist die Außenhülle und desto weniger befindet sich tatsächlich hinter der schönen Fassade.

Problematisch werden narzisstische Züge, wenn kein Einfühlen mehr in andere Menschen möglich ist oder gewollt wird, wenn andere – häufig die Partnerin – zur eigenen Erhöhung abgewertet und gedemütigt werden, ihnen für alles, was schiefläuft im eigenen Leben, die Schuld zugeschoben und keine Verantwortung für das eigene Handeln übernommen wird.

Es entsteht eine destruktive Spirale. Der Narzisst braucht die Abwertung anderer, um sich selbst besser zu fühlen. Das kann so weit gehen, dass die Person sich insgeheim völlig leer, unsicher und wertlos fühlt. Und um diese Gefühle der eigenen Schwäche und Abhängigkeit von anderen nicht bewusst spüren zu müssen, wird der Anschein der eigenen Großartigkeit gebraucht und dabei meist die Partnerin benützt, um die eigene Leere zu füllen.

Narzisstische Menschen wirken bei den ersten Begegnungen oft charismatisch und begehrenswert, sehr bald jedoch fordern sie extrem viel Aufmerksamkeit, wollen ständig bewundert werden, alles soll sich um sie drehen und sie sind unfähig oder unwillig, die Bedürfnisse anderer als gleich wichtig wie die eigenen anzuerkennen. Sie verlangen von ihrer Partnerin Unterwerfung unter die eigene vermeintliche Grandiosität, produzieren im Gegenüber ein ähnliches Gefühl der Hilflosigkeit, wie sie es selbst in sich tragen, aber nicht erleben wollen. Narzissten reagieren auf abweichende Meinungen oder gar Kritik mit Aggression. Als Partnerin können Sie bald nichts mehr richtig machen, weil auch die beständigste Anerkennung irgendwann nicht mehr ausreicht, Unsicherheit und Leere im Narzissten zu füllen.

Vor diesen Zumutungen können Sie sich schützen, indem Sie sich nicht verantwortlich machen lassen für das Leben eines Partners. Sie sind nicht zuständig für seine Befindlichkeiten, sind nicht schuld daran, wie er sich fühlt, was er tut oder nicht tut. Er kann selbst entscheiden und hat auch selbst die Konsequenzen seines Handelns oder Nichthandelns zu tragen.

Die Trennung von einem solchen Partner kann eine enorme Befreiung sein. Sie haben das Recht auf ein eigenes Leben, ein Leben in Freiheit ohne Gewalt!

In der Beratung begegnen mir viele Frauen mit narzisstischen Männern, aber es gibt natürlich auch narzisstische Frauen. Hier ein Ausschnitt aus einer Onlineberatung mit einer Ratsuchenden, die über ihre narzisstische Partnerin zum Thema Verantwortung schreibt:

»Sie schreiben so klar, dass die Verantwortung für das Schreien immer bei der Person liegt, die schreit. Ich lasse mich immer wieder so verwirren: dass ich etwas falsch gemacht hätte und sie berechtigt wäre, so zu handeln. Beim Schreiben bekomme ich Herzrasen vor Empörung. Eigentlich könnte ich ja sagen, dass es egal ist, ab wann und ab welchem Punkt sie geschrien hat. Sie hat mich einfach nicht anzuschreien.«

Eine narzisstische Persönlichkeit wird immer eine fadenscheinige Begründung finden, derzufolge ihre Partnerin sie zu übergriffigem Verhalten provoziert habe. Es kommt darauf an, sich nicht in diese Pseudoargumentation verwickeln zu lassen und bei der eigenen Klarheit zu bleiben: »Du hast mich nicht anzuschreien.«

Auch wenn die narzisstische Haltung aus einem Mangel an sicherer, vertrauensvoller Bindung zu frühen Bezugspersonen herrührt, so ist dies klarerweise keine Rechtfertigung für rücksichtsloses oder gewalttätiges Verhalten. Wir können nur den Versuch unternehmen, das Verhalten des Gegenübers besser zu verstehen und die eigene Position und Handlungsfähigkeit zu stärken.

Mit der Unsicherheit, Verletzlichkeit und Abhängigkeit von anderen Menschen umzugehen, stellt eine der größten Herausforderungen unseres Lebens dar. Erst im Anerkennen dieser zutiefst menschlichen Qualitäten können wir liebevolle, gleichberechtigte, förderliche Beziehungen eingehen.

»Meiner Liebe wirst du nicht entgehen.« Mit diesen Worten besiegelt Fleischermeister Oskar den Besitzanspruch an seiner Geliebten Marianne in »Geschichten aus dem Wiener Wald« von Ödön von Horváth. Die Botschaft der anfänglichen Verliebtheit von Narzissten lautet: »Du brauchst nur mich, wir brauchen nur uns«, manchmal auch: »Wir gegen den Rest der Welt«. Das mag sich anfangs charmant anfühlen und sogar stolz machen (»Er will mich so sehr!«), in Wirklichkeit geht es dabei aber um Kontrolle, Besitzdenken, Machtausübung und Isolation, um die Partnerin unsicher und abhängig zu machen, ihren Selbstwert zu untergraben. Sie soll der eigenen Wahrnehmung misstrauen, seine Meinungen wichtiger nehmen als ihre eigenen und sich seinen Bedürfnissen anpassen.

Das notwendige Gegenprogramm:

Nehmen Sie sich selbst ernst! Lassen Sie sich nicht von oberflächlichem Charme blenden. Handlungen sagen weit mehr als schöne Worte. Beurteilen Sie Ihren (potenziellen) Partner nach dem, was er tut, nicht nur nach dem, was er sagt.

Wichtige Kriterien für die Partnerwahl sind Respekt, Verständnis und Empathie:

- Kann und will er sich in mich hineinversetzen?
- Interessiert er sich für das, was ich denke? Hört er mir zu? Nimmt er mich ernst?
- Behandelt er mich wertschätzend und mit Respekt, auch wenn ich nicht seiner Meinung bin? Oder ist er ein narzisstischer Egoist, dem meine Zuwendung nie genug ist und der mich zu seiner Selbsterhöhung kleinmachen will, mich erniedrigt, beschimpft, demütigt?
- Übernimmt er Verantwortung für die eigenen Gedanken, Gefühle und Handlungen? Oder macht er mich für alles verantwortlich, was in seinem Leben schiefläuft?

Letzteres zum Beispiel wäre ein eindeutiges Alarmsignal, dass Sie es mit einem unreifen Kind-Mann zu tun haben, der keine Partnerin, sondern eine Mutter sucht, die er für alles verantwortlich machen kann und für die er das Zentrum ihres Lebens sein will. Gleiches gilt selbstverständlich auch für potenzielle Partnerinnen.

Wenn Sie auf diese Kriterien achten, werden Sie später nicht in einer Gesprächsgruppe für Frauen in Trennung sitzen und wie Karin M. feststellen müssen:

»Was mir guttut? Das war in den letzten 35 Jahren kein Thema. Ich weiß gar nicht mehr, was mir guttut. Ich hab mich so lange in andere / in meinen Mann hineinversetzt, dass ich mich selber gar nicht mehr spüre. Was ich mir wünsche, was ich will? Da muss ich erst mal drüber nachdenken.«

Mit folgendem Satz eröffnete sie sich neue Handlungsspielräume: *»Ich bin nicht schuld daran, was mir passiert ist, aber ich bin verantwortlich dafür, wie ich mit dem Geschehenen umgehe, was ich aus meinem zukünftigen Leben mache.« Und ihre Botschaft an die anderen Gruppenteilnehmerinnen lautet: »Stärkt euch, anstatt euch selbst zu boykottieren und zu bremsen. Steht euch nicht selbst im Weg und stellt euch nicht länger zurück hinter die Bedürfnisse der anderen – hier geht es um Euch und Euer Leben!«*

Eine Botschaft, die ich nur bestätigen kann. Vertrauen Sie Ihrer Wahrnehmung und Ihrem Gefühl, isolieren Sie sich nicht und lassen

Sie sich nicht isolieren, sprechen Sie mit anderen über Ihre Situation, holen Sie sich Beratung und Unterstützung, nehmen Sie an Gesprächsgruppen teil oder initiieren Sie selbst eine Gruppe. Sie sind nicht allein!

»Wenn ich das gewusst hätte ...!« Damit Sie diesen Satz später nicht sagen müssen, ist auch die rechtliche Information VOR dem Eingehen einer Ehe, einer eingetragenen Partnerschaft oder einer Lebensgemeinschaft enorm wichtig.

Wichtig zu klären ist:

- »Was bedeuten diese Lebensformen für mich ganz konkret, rechtlich und finanziell, welche Rechte und Pflichten gehe ich / gehen wir miteinander damit ein?
- Welche Lebensform ist für mich die richtige?«

Beratung ist hier wichtig, um sich gut entscheiden zu können. Damit Sie wissen, worauf Sie sich einlassen, und später nicht sagen müssen: »Wenn ich das gewusst hätte!« Nützen Sie das Angebot von Frauenberatungsstellen, es zahlt sich buchstäblich aus.

Mythen und Fakten zum Thema Gewalt

»Bleibt nachts in dunklen Gassen!«

Der gefährlichste Ort für eine Frau ist statistisch gesehen ihr eigenes Zuhause, ihre eigene Partnerschaft. Denn Gewalt gegen Frauen ist überwiegend Gewalt durch männliche (Ex-)Beziehungspartner und sie wird in den meisten Fällen im häuslichen Bereich verübt. Das ist ein gesellschaftliches Tabu, von dem mit der Figur des unbekannten Täters abgelenkt werden soll (»der böse Fremde«). »Bleibt nachts in dunklen Gassen!«, lautete darum ein Slogan der autonomen österreichischen Frauenbewegung. Das Private ist und bleibt also durch und durch politisch.

Obwohl zahlreiche Untersuchungen nachweisen, dass der statistisch weitaus gefährlichste Raum für Frauen, Gewalt zu erfahren, die eigene Wohnung ist, und eben nicht der öffentliche Raum, hält sich dieser Mythos hartnäckig.

Ehemalige Ausgehverbote für Frauen wurden als Anstandsgebote verinnerlicht. Einen gewichtigen Beitrag zu dieser Verinnerlichung leistet das Konstrukt, dass im öffentlichen Raum und vor allem nachts Frauen eine besonders gefährdete Gruppe darstellten. Renate Ruhne, Privatdozentin am Institut für Soziologie der Technischen Universität Darmstadt, bezeichnet dies als »Selbstausgrenzung von Frauen aus dem öffentlichen Raum [...], ohne dass die dahinterstehende disziplinierende Norm überhaupt noch bewusst ist«[32].

Natürlich erleben auch Männer häufig Gewalt, aber überwiegend durch andere Männer, auch bei sexuellem Missbrauch. Gewalt ist nichts, was einfach passiert, sondern ein Mittel, das zu einem bestimmten Zweck eingesetzt wird, nämlich um Kontrolle über Menschen zu erlangen.

Mythen zum Thema Gewalt prägen auch die gesellschaftliche Haltung gegenüber Gewalt im sozialen Nahraum:

- Mythos: Gewalt in der Familie ist Privatsache, der Staat sollte sich da nicht einmischen. Oder: Es handelt sich nicht um Gewalt, die beiden streiten nur miteinander. Und: Gewalt gibt es nur in Problemfamilien (in sogenannten bildungsfernen Schichten, bei Alkoholabhängigkeit oder Drogensucht etc.).

Fakt ist: Gewalt gegen Frauen kommt in allen Bevölkerungsgruppen vor – unabhängig von Herkunft, Alter, Kultur, Bildung oder Einkommen. In 2017 wurde 147 Frauen von ihren Partnern oder Ex-Partnern getötet.

- Mythos: Frauen provozieren Gewalt oder »verdienen« sie in irgendeiner Weise: »Ich weiß, ich hätte das nicht tun dürfen« (zum Beispiel ihn kritisieren) oder »Wenn ich den Mund halte und nichts anderes als er sage, ist alles gut« – eine Illusion von Kontrolle. Und: Frauen, die misshandelt werden, müssen das wollen, sonst würden sie weggehen. Sowie: Frauen suchen sich die Männer, die sie misshandeln.

In der Beratung zeigt sich sehr häufig das Muster, dass eine aufgrund von Gewalterlebnissen verunsicherte Wahrnehmung und ein ge-

ringes Selbstwertgefühl Gewalt als »vertraut« erleben lassen und dass dennoch immer wieder gehofft wird, es werde diesmal anders, besser werden.

- Mythos: Männer misshandeln Frauen nur, weil sie in ihrer Kindheit selbst Gewalt erlebt haben / nicht anders können, hilflos sind oder krank (»Er hat halt eine ganz schlimme Kindheit gehabt«), weil sie ihre Gefühle nicht anders ausdrücken können (»Im Grunde liebt er mich, er ist nur so eifersüchtig«), weil Alkoholprobleme die Ursache für die Gewalttätigkeit von Männern sind (»Wenn er nicht trinkt, ist er der liebevollste Mensch«).

Fakt ist: Alkoholkonsum und Stress können Auslöser für einzelne Gewalttaten sein, sind aber nicht die Ursache und keine Rechtfertigung dafür.

- Mythos: Frauen erfinden Misshandlungen, um Vorteile bei der Scheidung zu haben.

Fakt ist: Der weit überwiegende Teil schämt sich und schweigt, nur ein sehr geringer Anteil der Gewalt, die Frauen durch ihren Partner erlebt haben, wird zur Anzeige gebracht.

Mythen und Fakten zum Thema Vergewaltigung und sexueller Missbrauch

- Mythos: Vergewaltigung und sexueller Missbrauch sind das Ergebnis unkontrollierbarer männlicher Triebe. Diese Argumentation wird nicht nur durch Medienberichte und Titulierungen wie Lustmord und Triebtäter vermittelt, sondern bedauerlicherweise auch durch Gerichtsurteile und von den Tätern selbst.

Fakt ist: Sexuelle Gewalthandlungen sind Ausdruck von Aggression und werden vom Täter gezielt genutzt, um das Opfer zu demütigen und zu verletzen, um sich selbst mächtig und überlegen zu fühlen.

- Mythos: Vergewaltigungen passieren durch Unbekannte an öffentlichen Plätzen. Die beste Strategie ist, sich nicht zu wehren, dann lässt ein Gewalttäter von einem ab.

Fakt ist: In den meisten Vergewaltigungsfällen kennt das Opfer den Täter; er ist ein Bekannter, Freund, Arbeitskollege, oft der eigene Partner oder Expartner. Und: Schreien und sich wehren ist ein sehr effektiver Widerstand!

Auch Stalker sind meist keine unheimlichen Unbekannten, sondern es besteht zwischen Opfer und Täter ein Näheverhältnis. Besonders häufig stalken Männer nach dem Ende einer Beziehung. Stalking ist ein Straftatbestand, das bedeutet, Sie können sich dagegen mithilfe von Polizei und Gericht wehren.

Einige rechtliche Aspekte, die Ihnen mehr Sicherheit geben können:

- Vergewaltigung in der Ehe oder Lebensgemeinschaft ist ein Straftatbestand!
- Opfer von Gewalttaten haben Anspruch auf psychosoziale und juristische Prozessbegleitung.
- In Deutschland und Österreich geben das Gewaltschutzgesetz als zentrale Vorschrift zur Bekämpfung von Häuslicher Gewalt sowie das Opferschutzgesetz gewaltbetroffenen Frauen Rechtssicherheit.
- Die Überlassung einer gemeinsam genutzten Wohnung an die verletzte oder gefährdete Person unabhängig von den Besitzverhältnissen bezüglich der Wohnung, also auch wenn es die Wohnung des Gefährders ist, ist in Österreich im sogenannten Wegweiserecht geregelt und in Deutschland im GewSchG § 2.[33]

Der Kreislauf der Gewalt

Der Kreislauf der Gewalt[34] in einer Paarbeziehung vollzieht sich meist nach einem typischen Muster. Die Gewalt nimmt mit der Zeit zu, es kommt immer häufiger zu immer heftigerer Gewalt, wenn dem Gewalttäter keine klare Grenze gesetzt wird. Die folgenden Phasen folgen immer schneller aufeinander:

- Phase 1: Spannungsaufbau

Die gewalttätige Person ist unsicher in ihrem Selbstwert und emotional abhängig von der Partnerin, fühlt sich schnell provoziert, hat Angst, verlassen zu werden, und will darum die Partnerin kontrollieren. Die Angst, die Partnerin nicht kontrollieren zu können (sie könnte ja ein eigenes Leben entwickeln, eigene Wünsche und Vorstellungen haben), erzeugt unterdrückte Wut im Gewalttäter, die er meist nicht anspricht, sondern in Ausbrüchen zeigt: schreien, fluchen, mit Gegenständen werfen, gegen die Wand schlagen, entwerten, beschimpfen, herabwürdigen.

Die von Gewalt betroffene Person versucht, eine Eskalation zu vermeiden und den aufbrausenden Partner zu beschwichtigen. Sie ist mit ihrer ganzen Aufmerksamkeit bei ihm, unterdrückt ihre eigenen Bedürfnisse und Ängste. Sie findet Entschuldigungen für das Verhalten des Partners, spürt oft ihre eigene Wut nicht, verbietet sich selbst, klar und bestimmt auf die Aggression zu reagieren, eine klare Grenze zu setzen, indem sie deutlich machen würde, dass sie ein solches Verhalten nicht toleriert. Stattdessen bemüht sie sich, ihn zu besänftigen und alles aus dem Weg zu räumen, was weitere Aggressionen hervorrufen könnte.

Beide verleugnen, dass es ein Problem gibt. Die Vorstellung, dass SIE das Verhalten des Gewalttäters beeinflussen könnte, erweist sich spätestens beim nächsten Ausbruch als Illusion.

- Phase 2: Gewaltausbruch, Misshandlung

Hier findet direkte, deutliche Gewalt statt, beispielsweise Schläge, Tritte, Verletzungen mit Gegenständen. Der erste Schlag erfolgt bewusst, der Mann erlebt sich als aktiv und handelnd (eigene Angst und Ohnmachtsgefühle werden an die Frau delegiert), nach den ersten Schlägen gibt es manchmal ein Blackout oder Erinnerungslücken. Dies ruft starke Angst bis hin zu Todesangst und ein Gefühl der Hilflosigkeit, des Ausgeliefertseins beim Opfer hervor. Die erlittene Gewalt und der Verlust jeglicher Kontrolle haben neben den körperlichen Verletzungen schwerwiegende psychische Folgen.

Nach dem direkten Gewaltvorfall setzt häufig beim Opfer ein Schock ein, sodass die Verleugnung fortgesetzt wird. Das Opfer will glauben, dass der Übergriff eine einmalige Sache war, nie wieder vorkommen wird. Der Täter spielt seinen Angriff meist herunter: »Das bildest du dir doch nur ein, das war doch gar nicht so schlimm, du hättest mich halt nicht provozieren dürfen.« Oft entwickeln Opfer von Gewalt posttraumatische Belastungsstörungen, die sich beispielsweise in chronischen Ängsten, Panikattacken, Schlafstörungen, chronischen Schmerzen und dem Verlust des Vertrauens in sich und andere Menschen äußern können.

- Phase 3: Reue und Zuwendung, manchmal mit einer Art Flitterwochen/Honeymoon

Nach einer akuten Misshandlung zeigt der Täter oft Reue und bemüht sich um ein liebevolles und zugewandtes Verhalten. Er möchte das Geschehene rückgängig machen und verspricht, sein Verhalten zu ändern. Er schämt sich, fühlt sich ohnmächtig. In der Hoffnung, dass sich der Partner nun wirklich verändert, entschuldigen viele Opfer den Übergriff, stimmen einer Versöhnung zu oder widerrufen Aussagen, die sie z. B. im Rahmen eines Strafverfahrens gemacht haben. Viele Täter können ihre Versprechungen auch dritten Personen gegenüber sehr glaubhaft machen. Manchmal will darum auch das Umfeld das Opfer dazu überreden, dem Partner zu verzeihen und nochmals eine Chance zu geben.

- Phase 4: Abschieben der Verantwortung

Nach der Reue folgt oft eine Suche nach der Ursache des Gewaltausbruchs. Viele Täter empfinden die Gewalttat als etwas, das sie nicht kontrollieren können. Dementsprechend suchen sie die Gründe nicht bei sich selbst, sondern in äußeren Umständen (z. B. Alkoholkonsum, Schwierigkeiten bei der Arbeit) oder bei der Partnerin (»Sie hätte sich eben nicht in dieser Weise verhalten sollen, dann wäre ihr nichts passiert« oder »Du hast mich provoziert, du bist ja krank, du gehörst ja in die Psychiatrie!«). Um sich zu entlasten, schieben sie dem Opfer zunehmend die Schuld für den Gewaltausbruch zu.

Auch das Opfer selbst bezieht einen Teil der Schuld häufig auf sich. Der Gedanke ist leichter auszuhalten, selbst »mit schuld« gewesen zu sein und damit auch über Einflussmöglichkeiten zu verfügen, als das Bewusstsein der absoluten Ohnmacht und Hilflosigkeit, des Ausgeliefertseins. SIE wünscht sich so sehr, dass die Beziehung »wieder gut« oder »wieder wie früher« werden möge, dass sie die Entschuldigungen akzeptiert und ihrem Partner glaubt, wenn er ihr versichert, dass so etwas nie wieder passieren wird. Oder sie fragt sich sogar, ob sie selbst irgendetwas falsch gemacht hat. Wenn als tatsächliches Problem nicht ausgesprochen wird, dass ER kein Recht hat, SIE so zu behandeln, setzt sich der Kreislauf der Gewalt fort.

Die Opfer übernehmen so Verantwortung für eine Tat, die sie nicht begangen haben, und haben oft auch Schuldgefühle, weil sie das gewalttätige Verhalten des Partners nicht verhindern konnten. Als Folge müssen sich die Täter für ihr Verhalten nicht mehr verantwortlich fühlen. Zunehmend kommt es nun zunächst wieder zu verbalen Attacken und dann erneut zu sich steigernden kleineren Gewaltakten, ein neuer Zyklus beginnt. Die Erfahrung zeigt, dass die meisten Männer, die einmal zugeschlagen haben, das wieder tun werden. Je länger die Gewaltbeziehung existiert, desto kürzer werden die Abstände zwischen den einzelnen Gewalttaten und auch die Intensität der Gewalt nimmt zu. Wenn dieser Zyklus nicht (von außen) durchbrochen wird, stellt sich dieser Prozess wie eine Spirale dar, denn die von Gewalt bestimmten Auseinandersetzungen werden brutaler und die Phasen der Versöhnung werden immer kürzer.[35]

Hier muss deshalb klar und eindeutig Stellung bezogen werden:

- Es gibt keine Rechtfertigung für Gewalt.
- Verantwortlich für das gewalttätige Verhalten ist immer und ausschließlich die Gewalt ausübende Person.
- Sie haben das Recht, sich gegen Gewalt zu wehren.

Das Benennen der Gewalt ist oft der erste Schritt zu einer Veränderung der Situation. Es gibt Anti-Gewalt-Trainings, Beratung und Psychotherapie für Menschen, die ihr Verhalten tatsächlich ändern wollen. Wenn Einsicht in das Problem besteht und der Betreffende wirklich motiviert ist, an sich zu arbeiten, können neue Umgangs- und Ausdrucksformen erlernt werden, um Gefühle von Angst, Wut und Hilflosigkeit anders auszudrücken als in gewalttätigem Verhalten.

Besonders in Trennungsphasen ist das Risiko, Gewalt durch den Partner zu erleben, sehr hoch. Holen Sie sich darum Unterstützung – z. B. in einer Frauenberatung oder beim Hilfetelefon *Gewalt gegen Frauen*, online, telefonisch oder persönlich, auch anonym. Sie erfahren dort Ihre Rechte und wie Sie sich und Ihre Kinder schützen können. Sie und Ihre Kinder haben das Recht auf ein Leben in Freiheit ohne Gewalt!

Beziehungen sind immer auch ein Spiegel gesellschaftlicher Verhältnisse. Ökonomische und rechtliche Ungleichheit sowie diskriminierende und entwertende Strukturen in Kultur und Gesellschaft ermöglichen und begünstigen Gewalt im sozialen Nahraum. Die Einstellung, die Bedürfnisse von Frauen seien weniger wichtig als die ihrer Partner und Frauen seien dafür zuständig, die Bedürfnisse anderer zu erfüllen, während Männern eher Autonomie zugestanden wird, bereitet den Boden für Gewalt im privaten Raum. Sich dieser sogenannten strukturellen oder kulturellen Gewalt (Johan Galtung) bewusst zu sein, ermöglicht erst den ganzheitlichen Blick, der in der Beratung so wichtig ist, und kann Ihnen helfen, wenn Sie nicht sicher sind, ob das, was Sie erleben, »normal« ist oder schon Gewalt.

Mit einer außenstehenden Person ist es leichter, sich ein realistisches Bild von der eigenen Situation zu machen und neue Perspektiven zu entwickeln. Keine Situation ist ausweglos, Sie können immer handeln.

Strukturelle Gewalt in der Rechtsprechung am Beispiel Österreich

Wie steht es mit der Freiheit innerhalb unserer Liebesbeziehungen? Müssen wir vom Glauben an die Kleinfamilie abfallen, wie Mariam Irene Tazi-Preve fordert?[36]

»In den 40 Jahren seit Gründung des Vereins hat sich die ganze Welt so dermaßen verändert, dass ich sie fast nicht wiedererkenne: Bankwesen, Gesundheitswesen, Arbeitswelt, Internet, ja sogar die österreichische Post hat sich verändert. Kaum ein Stein ist auf dem anderen geblieben, nur die Probleme der Frauen sind die gleichen geblieben«, schrieb Margot Scherl, eine der Gründerinnen von *Frauen* beraten Frauen**.

Tatsache ist: Die allermeisten Frauen kommen immer noch mit Fragen zu ihren Rechten in Ehe und Lebensgemeinschaft sowie Gewalterfahrungen zu uns in die Beratung, wobei sich die Themen Obsorge, (Kindes-)Unterhalt und Kontaktzeiten durch die neue Gesetzeslage und Rechtsprechung in Österreich noch deutlich verschärft haben. Frauen wird von vielen Richter*innen grundsätzlich *Bindungsintoleranz* unterstellt, sie würden den Vätern die Kinder entziehen wollen. Realität ist aber, dass eine der häufigsten Fragen von Frauen mit Kindern in der Beratung ist: »Wie schaffe ich es, dass der Vater regelmäßig Zeit mit den Kindern verbringt?«

Das Nichteinhalten der vereinbaren Kontaktzeiten durch die Väter stellt neben der Enttäuschung der Kinder eine grobe Freiheitseinschränkung der Mütter dar und wird so gut wie nie gerichtlich sanktioniert. Richter*innen entziehen nach der Trennung auch Vätern, die während der Beziehung massive Gewalt gegen ihre Partnerin ausgeübt haben, das Sorgerecht – entgegen der gesetzlichen Intention – sehr oft nicht. Diese Väter behalten somit weiterhin Kontrolle über das Leben der früheren Partnerin und belasten sie auch nach der Trennung. Hier manifestiert sich patriarchales Besitzdenken über Frau und Kind in gerichtlichen Entscheidungen.

Auch gegen den Willen der bisher hauptbetreuenden Mutter entscheiden Richter*innen immer wieder für eine Doppelresidenz – eine Variante, die keine Grundlage im aktuell geltenden österreichischen Familienrecht hat und die meist besserverdienenden Väter vor der Zahlung der Alimente bewahrt.

So werden demokratische Prozesse durch eine subjektive Rechtsprechung ausgehebelt. Und das ist auch eine mögliche Erklärung für dieses Phänomen: An den grundsätzlichen Machtverhältnissen und der gesellschaftlichen Ordnung hat sich für Frauen wenig gerändert und die »alten« Probleme, die Frauen 1980 genauso hatten wie heute, werden nun dadurch verschärft, dass soziale Problemlagen individualisiert werden. Sie werden als Problem der je einzelnen Person in ihrer Eigenverantwortung betrachtet – eine zynische Verwendung dieses Begriffs, wenn damit Menschen für ihre eigene Benachteiligung verantwortlich gemacht werden.

Finanzielle Gewalt

»Finanzielle Gewalt kommt unsichtbar, oft in Nadelstreifen daher. Weithin gilt sie als Normalität.«[37] Katharina Martin

Die Tatsache, dass viele Frauen in Beziehungen verarmen, wird gesellschaftlich tabuisiert, denn wie ein Paar seine finanziellen Angelegenheiten regelt, ist angeblich Privatsache. Finanzielle Abhängigkeit ist demütigend und schwächt das Selbstbewusstsein deutlich, Männer nützen dies nicht selten zu ihrem Vorteil aus. Geld und die Verfügbarkeit darüber wird als Machtmittel eingesetzt. Neben der Lohnschere schafft die in Beziehungen massenhaft geleistete unbezahlte Reproduktionsarbeit grobe Einkommensnachteile für Frauen. Das für statistische Erhebungen verwendete »Haushaltseinkommen« verschleiert die reale Situation von Frauen, die zumeist sehr viel weniger für sich zur Verfügung haben als den aus dieser Summe erhobenen Pro-Kopf-Anteil einer Familie.

Spätestens im Fall einer Trennung wird klar, dass die Ehe keineswegs die Versorgungsinstitution darstellt, als die sie immer noch propagiert wird. Umso wichtiger ist das gute Verhandeln: sich nicht damit zu bescheiden, was man(n) gerne geben will, sondern das durchzusetzen, was Ihnen zusteht, um eine realistische Basis für einen Neuanfang zu schaffen.

Für Frauen ist die Bewertung der eigenen Arbeit – auch der unbezahlten Versorgungsarbeit! –, die Anerkennung und Wertschätzung der eigenen Tätigkeiten, ein wichtiger erster Schritt für die Stärkung der eigenen Verhandlungsposition. Hausarbeit ist kein »selbstverständlicher Akt der Liebe«, sondern – wie der Name schon sagt – Arbeit. Mehrheitlich sind es immer noch Frauen, die den größten Teil der unbezahlten Sorgearbeit übernehmen und Karrierechancen und Rentenansprüche verlieren.

Ökonomische Gewalt innerhalb der Ehe

»Er gibt mir kein Geld, ich muss alles für den Haushalt selbst bezahlen, nichts bleibt für mich – da kann ich nichts machen.«

»Er sagt mir nicht, wie viel er verdient – das ist seine Entscheidung.«

»Er sagt, er verdient das Geld, darum kann er auch entscheiden, wofür er es ausgibt.«

Finanzielle Gewalt kann verschiedene Formen annehmen: ER gibt kein oder zu wenig Wirtschaftsgeld, SIE muss ständig um Geld bitten, genaueste Aufzeichnungen führen, jede Ausgabe rechtfertigen. Oder ihr Einkommen wird fürs Haushaltsbudget verwendet, er behält seines für sich und bespricht größere Ausgaben (z. B. einen Autokauf) nicht mit ihr.

Beide Ehepartner*innen müssen sich gegenseitig Einblick in ihre Finanzen gewähren, die anfallenden Kosten müssen je nach Verdienst aufgeteilt werden und die Entscheidungen für größere Ausgaben müssen gemeinsam getroffen werden. Wenn nur eine*r der beiden Ehepartner*innen ein Einkommen hat, ist sie*er der anderen Person zu Unterhalt verpflichtet.

Ein anderes Szenario: SIE wird dazu genötigt, ihr Geld in sein Unternehmen zu stecken, Kreditbürgschaften zu unterschreiben, auch wenn sie nicht in der Lage ist, den Kredit zurückzuzahlen. Nach der Scheidung und der Insolvenz des Ex-Mannes fordert die Bank von ihr die Rückzahlung.

Banken lassen oft zu, dass Frauen ohne Einkommen – manchmal unter Druck und ohne ausreichende Sprachkenntnisse und Wissen um die Konsequenzen – für den Kredit ihres Mannes bürgen und somit zur Rückzahlung verpflichtet werden, sobald der Kreditnehmer nicht mehr zahlen kann oder will. Denn Frauen gelten als die mit der besseren Zahlungsmoral.

Frauen verzichten auch schon mal auf Trennungsunterhalt und nachehelichen Unterhalt (und erhalten deswegen u. U. keine Sozialhilfe!), weil Harmoniebedürfnis und Konfliktangst sie erpressbar machen. Dabei stellt eine Scheidung für Frauen eine viel größere finanzielle Bedrohung dar als für Männer. Alleinerziehende sind die Gruppe mit der höchsten Armutsgefährdung. Feministische Beratung wirkt präventiv gegen diese Armut, indem sie Sie beim Einfordern dessen, was Ihnen zusteht, unterstützt.

Symbolische Gewalt und ihr Verhältnis zum Körper

Die symbolische Gewalt ist Pierre Bourdieu zufolge eine »sanfte Gewalt«, deren Unterdrückungskraft nicht offensichtlich ist, weil sie auf der Ebene des Selbstverständlichen operiert[38]. Sie wird vermittelt über Werte und Denkweisen, die den Herrschenden ebenso selbstverständlich sind wie den Beherrschten.

Die symbolische Gewalt ist für Bourdieu das Fundament der männlichen Herrschaft. Sie zeigt sich in Wahrnehmungs- und Bewertungsschemata und ist in unseren Körpern verankert, ganz konkret auch in der Körperhaltung: Wer/was gilt als richtige Frau, richtiger Mann, wer nimmt wie den öffentlichen Raum ein, wer macht sich breit, wer zieht sich zurück, wer ist laut, wer leise?

Weil diese Verhaltensweisen, wenn sie einmal erlernt sind, keine bewussten Entscheidungen mehr sind, halten sie sich auch so zäh. Wir könnten sagen, die symbolische Gewalt lässt die von ihr hergestellten Unterschiede und Hierarchien als natürlich und fraglos selbstverständlich erscheinen: »Das gehört sich! Das gehört sich nicht!«

Der Theoretiker der Hausarbeit, Jean-Claude Kaufmann, stellt fest, dass viele Männer, die mit ihren Partnerinnen zusammenziehen, die Fähigkeit des Wäschewaschens verlernen, obwohl sie tadellos dazu fähig waren, als sie allein gewohnt haben.[39]

Der Körper speichert die soziale Erfahrung, indem er sich gesellschaftliche Normen einverleibt. Im *Habitus* sind die Denk- und Sichtweisen, die Wahrnehmungsschemata, die Prinzipien des Urteilens und Bewertens enthalten, die in einer Gesellschaft wirksam sind. Das verinnerlichte Gesetz wird als selbst gewollt und nicht anders denkbar oder wünschbar erlebt. Diese Selbstverständlichkeit ist immer wieder frag-*würdig* zu machen, auch in der Beratung, und auch wenn es anstrengend ist.

Vertrautes wie Körperhaltungen, Mimik, Gestik und die Art des eigenen Sprechens können wir infrage stellen, zum Beispiel dauerndes Lächeln, häufiges Sich-Entschuldigen, den Kopf schräg zu legen als Signal, weiblich und nicht bedrohlich zu sein.

Scham und Zorn nach erlebter Gewalt

Wenn ich hier über die Scham von Frauen berichte, die Gewalt durch ihren Partner erleben, beziehen sich meine Erfahrungen fast ausschließlich auf heterosexuelle Beziehungen. Die Schwelle, Beratung zu suchen, ist für lesbische Frauen, die Gewalt durch ihre Partnerin erfahren, offenbar noch höher.

Ich gehe nicht von einem unterschiedlichen Ausmaß an Aggression in Frauen und Männern aus. Frauen und Männer werden jedoch sozialisiert, ihre Gefühle tendenziell unterschiedlich zu zeigen. In bestimmten Situationen sind von Frauen und Männern unterschiedliche Arten des Gefühlsausdrucks gefordert, wenn sie den Normen für »Weiblichkeit« und »Männlichkeit« entsprechen wollen, also ihre jeweilige Weiblichkeit oder Männlichkeit nicht infrage gestellt sehen wollen (»Du bist ja keine richtige Frau / kein richtiger Mann!«).

Die Philosophin Hilge Landweer beschreibt die leiblichen Empfindungen von Scham und Zorn folgendermaßen: Scham werde als Verengung erlebt, Zorn hingegen als Weitung. Der Bewegungsimpuls bei der Scham sei ein Sich-Ducken, Schrumpfen und Versinken, im Zorn dagegen richte sich der Bewegungsimpuls nach oben und außen, er »sprühe« nach allen Seiten, wie die Metaphern des »Platzens« und »Aus-der-Haut-Fahrens« nahelegen. Zorn aktiviere mit Durchsetzungs- und Dominanzanspruch, Scham mache passiv mit Beugungs- und Unterwerfungsneigung. Scham sei dabei symbolisch weiblich konnotiert (die weibliche Scham als Körperregion), Zorn als aggressiv nach außen gewendetes Gefühl dagegen eher männlich. Zorn und Scham seien als einander leiblich entgegengesetzte Gefühle potenziell ineinander überführbar. Ob man mit Zorn oder Scham auf eine Situation reagiert, hänge davon ab, ob man sich selbst oder den anderen im Unrecht glaubt. Das wiederum hänge davon ab, was die je spezifische Geschlechterordnung für Frauen und Männer vorsieht – darf sich eine Frau als verletzungsmächtig und ein Mann als verletzlich zeigen? Welche Sanktionen müssen sie befürchten? »Verlieren« sie dadurch ihre Weiblichkeit bzw. Männlichkeit?[40]

In der Beratung berichten viele Frauen, die Gewalt durch ihren Partner erlebt haben, von ihrer Erstarrung, die sie daran hindert, sich zu wehren. Viele tragen die Telefonnummer der Beratungsstelle jahrelang mit sich herum, bis sie den Mut finden, einen Termin zu vereinbaren. Viele berichten vom quälenden Schamgefühl, die Übergriffe zugelassen zu haben. Häufig beschreiben die Frauen auch ein Gefühl, das ihnen den Hals zuschnürt, ihre Stimme erstickt und sie daran hindert, sich verbal zur Wehr zu setzen. Hier werden verkörperte Geschlechternormen deutlich.

Diese Empfindungen haben mit der unterschiedlichen Bewertung des Verhaltens von Frauen und Männern zu tun. Polemisch zugespitzt: Eine Frau schlägt nicht zu, einem Mann kann das schon mal passieren. Die symbolische Ordnung verwehrt Frauen die Subjektposition der Gewaltausübenden, denn Verletzungsmächtigkeit ist symbolisch mit Männlichkeit assoziiert und somit *unweiblich*. Diese geschlechtsspezifischen Normen für den Ausdruck von Gefühlen wirken auf unsere Wahrnehmung dieser Gefühle zurück und schaffen somit tendenziell unterschiedlich agierende Geschlechter.

Die Schilderungen der Gewalt, die Frauen erlebt haben, beinhalten neben der Scham auch die verspürte Unfähigkeit, selbst zornig zu werden, dem Zorn dessen, der sie angreift, ebenfalls mit Zorn über diese Grenzüberschreitung entgegenzutreten. Nicht selten geben sich geschlagene Frauen selbst die Schuld an den Übergriffen und reagieren sozusagen stellvertretend für den Angreifer mit Scham auf die Verletzung, die ihnen zugefügt wurde. Diese Haltung der Schamhaftigkeit beruht auf der Anerkennung der Normen für weibliches schamhaftes und beschämendes Verhalten. Im Schamgefühl merke ich, dass ich unbeabsichtigt gegen eine Norm verstoßen habe, die ich zumindest in dieser Situation anerkenne.

In der Beratung geht es um das Infragestellen dieser Norm, die Frauen Scham gebietet und Zorn verbietet. Auf der leiblichen Ebene kann ganz konkret mit der Körperhaltung, der Mimik, der Gestik, der Art, aufzutreten und zu sprechen, gearbeitet werden, z. B. nicht dauernd zu lächeln, um Nichtbedrohlichkeit zu signalisieren, und sich nicht fortwährend für etwas zu entschuldigen. Die Psychotherapeutin Brigitte Schigl spricht von der »androgynen Nachsozialisation« der jeweils gegengeschlechtlichen Anteile als Erweiterung des Ausdrucksrepertoires für beide Geschlechter.[41] Hier können wir uns also neue Gestaltungsräume eröffnen, wie wir »Weiblichkeit« und »Männlichkeit« leben wollen, am besten vielfältig, denn eine wichtige Erkenntnis aus der feministischen Beratung lautet: Nicht-geschlechterrollenkonformes Verhalten kann Ihre Gesundheit fördern!

Ein Ziel für Frauen könnte sein: den eigenen Zorn nicht mehr zu fürchten, sondern zur Selbstbehauptung zu nützen; den Zorn gegen ungerechte Behandlung nicht gegen sich selbst zu wenden in Form von Depression, selbstverletzendem Verhalten, Essstörungen, Beruhigungsmitteln, sondern ihn zum Ausdruck zu bringen. Dazu ist es nötig, sich von dem Um-jeden-Preis-geliebt-werden-Wollen zu lösen.

Auch die politischen Aspekte von Zorn können hier weitergedacht werden: Wie können wir unseren Zorn auf ungerechte Verhältnisse zur Sprache bringen und konstruktiv nützen?

Feminismus besteht ja auch darin, NEIN zu unzumutbaren Bedingungen zu sagen, anstatt diese zu stützen und mitzutragen. Dazu bemerkte Sabine Hark in den »feministischen studien« 2013: Feministische Theorie heute bedeute ganz wesentlich auch, Nein zu sagen. Und Nein sagen kann neue Kräfte freisetzen, z. B. für einen Streik bei der Versorgungsarbeit, statt dauernd für die Bedürfnisse anderer zur Verfügung zu stehen – hier liegt ein großes Potenzial im privaten wie im öffentlichen Bereich.[42]

GELD, ARBEIT UND KARRIERE: »ERSTAUNLICH, WAS ICH ALLES KANN!«

Eine explizite Frauenquote ist so lange notwendig, wie eine implizite, nicht thematisierte, weil scheinbar selbstverständliche Männerquote praktiziert wird, nach dem Motto: »Dieser Bewerber ist männlich, weiß, hetero – einer von uns, den nehmen wir!« Bettina Zehetner

Glücksversprechen VaterMutterKind

Die ungleiche Aufteilung von bezahlter und unbezahlter Arbeit, wie Hausarbeit, Pflegearbeit, Erziehungsarbeit, Betreuungsarbeit, ist eine der Hauptursachen für ungleiches Einkommen und Vermögen. Das Verhandeln dieser Aufteilung ist deshalb meist auch ein heißes Thema in der Beziehung und der Beratung.

»Unsere Arbeitsaufteilung? Die hat sich so ergeben.«

»Dass ich beim Kind zuhause bleibe? Das hat sich so ergeben.« Manchmal auch: »Ich will es ja selbst so.«

Möglicherweise sind wir damit aber auch einer Weiblichkeitsnorm gefolgt, ohne zu fragen, was wir selbst eigentlich wollen. Oder dachten wir, es wollen zu müssen, weil eine Mutter schließlich bei ihrem Kind zuhause sein wollen muss?

Schon von klein auf wird uns gesagt, was wir uns wünschen sollen, was uns Freude machen soll. Als Mädchen sollen das Puppen sein und Familie spielen, VaterMutterKind, Prinzessinnenkleidchen tragen und hübsch aussehen, alles in Hinblick auf die spätere Traumhochzeit, den »schönsten Tag im Leben«. Die Realität ist in den meisten Fällen eine ganz andere: Stress, Belastung, sich selbst zurückstellen, Einschränkungen aller Art, ein Haufen unbezahlte Arbeit für andere, ohne Urlaub und Krankenstand, denn zuhause wird frau gebraucht.

»Sobald er mit mir zusammenzog, verlernte er automatisch das Wäschewaschen.« Als Zsusanna zu mir in die Beratung kommt, ist sie verzweifelt und versteht die Welt nicht mehr: Ein ganzes Leben lang hat sie sich nach

den Bedürfnissen ihres Mannes gerichtet, hat ihn während seines Studiums erhalten (als er mit ihr zusammenzog, »verlernte« er das Wäschewaschen, das ihm vorher tadellos gelungen war), ihm ein ganzes Arztleben lang den Rücken freigehalten und die beiden gemeinsamen Kinder praktisch allein aufgezogen, und nun eröffnet er ihr, dass er sich für eine andere Frau entschieden hat und die Scheidung will.

Neben der massiven Kränkung, die dieser Verrat für Zsusanna bedeutet – denn als solchen erlebt sie die ohne vorheriges gemeinsames Gespräch getroffene Entscheidung ihres Mannes –, ist sie vor allem erschüttert über die mangelnde Wertschätzung ihrer Arbeit. Sie hat nicht nur 22 Jahre lang sämtliche Haushaltstätigkeiten übernommen, sondern auch den Sohn mit starken Lernschwierigkeiten bis zur erfolgreichen Matura begleitet und die Tochter bei der Bewältigung ihrer chronischen Darmerkrankung sowohl psychisch als auch mit dem Kochen spezieller Diätkost unterstützt. Trotz der massiven Einkommensverluste, die Zsusanna aufgrund ihrer Teilzeitarbeit hinnahm, ist ihr Mann nicht bereit, ihr als Ausgleich für ihre jahrzehntelange unbezahlte Familienarbeit nach der Scheidung Unterhalt zu zahlen.

In der Beratung übt Zsusanna, mit ihrem Mann zu verhandeln und ihre Leistungen als wertvollen und gleichwertigen Beitrag zum Familieneinkommen zu argumentieren. Ihr Mann konnte sich nur deswegen auf seine Karriere konzentrieren, weil sie ihm zuhause, mit den Kindern, den Rücken freihielt. Diese Arbeit muss bei einer Scheidung in Form von Unterhalt und Vermögensaufteilung entschädigt werden. Der erste notwendige Schritt dazu ist Zsusannas eigene Anerkennung und Wertschätzung ihrer Leistungen. Allerdings meint sie auch noch nach dem sehr erfolgreichen Verhandlungsprozess: »Nie wieder würde ich einem Mann die ganze Arbeit zuhause abnehmen. Er hat mich nie dafür respektiert. Meiner Tochter vermittle ich die klare Botschaft: Verdien dein eigenes Geld, nur das gibt dir Freiheit.«

Fazit: Eigenständige Existenzsicherung statt Abhängigkeit!

In der feministischen Beratung behandeln wir Fragen wie: »Was darf ich wollen?«, »Was erlaube ich mir zu wünschen und für mein Leben zu entscheiden, zu planen – oder eben auch nicht zu tun, zu verweigern?« Nur weil viele Frauen ähnliche Lebensformen wählen – z. B. eine Partnerschaft mit einem Mann eingehen, zusammenziehen, Kinder bekommen, eine Zeit lang bei den Kindern zuhause bleiben etc. –, müssen wir es nicht alle genauso machen. Wir dürfen auch andere Lebensmodelle ausprobieren und erforschen, was uns glücklich macht.

Wir müssen nicht das wollen, wozu uns gesagt wird, dass wir es wollen sollen. Wir dürfen ganz andere Wünsche entwickeln. Und wir dürfen eigenwillig sein! Wir können lernen zu schätzen, dass uns etwas anderes Freude macht als anderen. Wir müssen nicht alle dasselbe Glück wollen – eine befreiende Vorstellung.

Karrieregeile Rabenmutter oder überfürsorgliche Helikopterglucke?

Rabeneltern sind fürsorgliche Eltern, die sich die Fütterungsarbeit partnerschaftlich teilen. Anders beim Menschen: Eine Mutter soll die Kinder betreuen, versorgen, pflegen, erziehen, trösten, mit ihnen lernen, rund um die Uhr für sie da sein und am besten auch noch Erholungsgebiet für den tagsüber draußen in der Welt tätigen Mann sein. »Du vernachlässigst mich!«, lautet ein häufiger Vorwurf von Partnern, die die Zuwendung ihrer Frauen nicht teilen wollen und sich durch eigene Kinder aus dem Nest verstoßen fühlen.

Eine Mutter hat selbstlos ihre eigenen Bedürfnisse zurückzustellen, nie wütend zu sein, ewig nährend und gewährend, bedingungslos liebe- und verständnisvoll. Sie hat nichts für sich zu wollen, schon gar keine Karriere, die sie womöglich einem fraglos viel qualifizierteren Mann wegnehmen würde, der schließlich seine Familie ernähren müsse. Frauen sollen Männer unterstützen, nicht in Konkurrenz mit ihnen treten. Frauen sollen gefühlsbetont und fürsorglich sein, sie sollen beziehungsorientiert und an den Bedürfnissen anderer ausgerichtet sein.

Männer hingegen seien angeblich in höherem Maß sachlich, vernunftbetont und autonom, also unabhängiger von Beziehungen, mehr auf die eigenen Bedürfnisse ausgerichtet, nicht zuletzt die eigene Berufstätigkeit und Karriere.

Altbackene Klischees werden wieder aufgewärmt, dass Männer vom Mars und Frauen von der Venus seien, dass Männer in ihrem Wesen aggressive Jäger seien und Frauen von Natur aus fürsorgliche, friedliche Sammlerinnen, die lieber am Herdfeuer blieben, als in die Welt hinauszugehen. Die Gehirnmythologie der Neurowissenschaften trägt fleißig zur neuen/alten Klischeebildung bei, die Medien nehmen dankbar jede Studie auf, die einen Unterschied zwischen den Fähigkeiten oder Eigenschaften von Männern und Frauen ergibt, und ignorieren geflissentlich diejenigen Studien, die keine solchen Unterschiede feststellen, sondern die Vielfalt innerhalb einer Geschlechtergruppe betonen. Der Klassiker: Frauen seien die schlechteren Autofahrer*innen, tatsächlich aber verursachen Frauen deutlich weniger Autounfälle als Männer.[43]

In der Beratung wird Gewohntes infrage gestellt: »Ist die Arbeitsaufteilung, die wir derzeit in unserer Beziehung praktizieren, sinnvoll und gerecht?«, »Wem nützt diese Aufteilung?«, »Wie könnte die anstehende Arbeit anders, gerechter aufgeteilt werden?«

Das Ziel ist eine neue Selbstverständlichkeit hinsichtlich der Haus- und Sorgearbeit, die dem resignierten »Er hilft mit« die selbstbewusste Haltung »Das ist UNSERE Arbeit – wer übernimmt was?« ersetzt.

Angeregt durch die Onlineberatung, sagt meine Klientin Zsusanna neuerdings »Nein« wenn es wieder einmal darum geht, dass die gesamte Hausarbeit an ihr hängen zu bleiben droht. Ihre Rückmeldung zeigt, wie sie das früher selbstverständliche Ungleichgewicht in Bewegung bringt:

»Ihre Beratung hat mich motiviert, mal etwas härter durchzugreifen. Zweimal pro Woche kommt mein Mann jetzt früher nach Hause, damit ich abends noch was machen kann. Am Wochenende gehe ich aus und werde das jetzt regelmäßig tun, und kürzlich habe ich ihm aufgetragen, die Wäsche zu falten, weil ich ein Seminar hatte und es nicht geschafft habe. Das hat er auch tatsächlich gemacht und siehe da, er war überrascht, wie lange so etwas dauert. Jetzt muss ich nur noch am Ball bleiben. Ich hoffe, das kriege ich hin. Ich darf bei ihm nicht erwarten, dass er etwas freiwillig tut. Man muss es ihm schon sagen und dann macht er es auch. Er versucht zwar immer wieder, da rauszukommen, und sagt, er würde sich zerreißen, aber dann sage ich ihm, dass ich mich auch zerreiße. Und dass die Kinder nicht nur von mir sind und es nun mal einfach anstrengend ist in der jetzigen Phase. Auf jeden Fall bestärkt mich die Beratung und ich fühle mich auch schon besser. Ich muss es jetzt nur weiterhin durchziehen …«

Kompetenzanalyse in der frauenspezifischen Laufbahnberatung

Ist die Berufstätigkeit Ihres Partners in Ihren Augen wichtiger als Ihre eigene? Ruft der Kindergarten Sie an, wenn ein Kind etwas braucht, oder den Vater? Und warum sollte das selbstverständlich sein?

Die heutige Arbeitswelt ist stark von Beschleunigung und Flexibilisierung geprägt. Während diese Entwicklung nicht nur von feministischer Seite her sehr kritisch gesehen wird, stehen Arbeitnehmer*innen und Arbeitsuchende unter dem Druck, sich immer wieder neuen Entwicklungen rasch anzupassen, und dies bei knapper werdenden materiellen und Zeitressourcen. Damit werden Fähigkeiten wie Selbstorganisation, hohes Reaktionsvermögen, Kommunikativität, Teamarbeit, Flexibilität, Lernbereitschaft und Wissensaneignung immer wichtiger. Um erfolgreich auf dem Arbeitsmarkt agieren zu können, müssen Bewerber*innen diese Schlüsselqualifikationen glaubhaft und überzeugend in einem Bewerbungsgespräch durch Selbstvertrauen und Selbstpräsentation vermitteln können.

Mit einer gelungenen Kompetenzbilanzierung gelingt es, auch informell erworbene Fähigkeiten zu erfassen und abzubilden. Ausgehend von der Biografie der Person wird ein Selbstreflexionsprozess angeregt, um die Kompetenzen sichtbar werden zu lassen. Die individuelle Lebensgeschichte wird dabei als individuelle Lerngeschichte untersucht und eine Standortbestimmung erarbeitet. Ein positiver Effekt dieser Methode ist, dass dabei insbesondere das Lernpotenzial aus biografische Phasen hervorgehoben wird, die in konventionellen Lebensläufen oft als wenig nützlich oder sogar hinderlich eingeschätzt werden, wie beispielsweise Kinderbetreuungszeiten.

Als Leitfrage könnte über dem Prozess der Kompetenzbilanzierung stehen:

- »Wie bin ich die Person geworden, die ich heute bin?«

Einbezogen werden dabei nicht nur die Bereiche Berufstätigkeit und Bildung, sondern auch die Bereiche Familie, enge Beziehungen und sonstige Interessen und Aktivitäten, wie unbezahlte, kreative, ehrenamtliche Tätigkeiten, Freizeitgestaltung etc.

Ein wichtiges Thema sind auch die Werte, die die eigenen Entscheidungen angeleitet haben. Basierend auf dieser Reflexion der eigenen Werthaltungen (»Was ist mir wichtig?«) soll ein Ziel entwickelt werden. Für den Prozess ist die Offenheit für jede Form von Veränderungswunsch hilfreich. Ein Beispiel: Behindert Ihr Partner Sie durch sein ständiges Kritisieren und Entwerten in Ihren beruflichen Plänen, dann kann die Arbeit an der Veränderung dieser Beziehung auch in Form einer Trennung das vorrangige Ziel sein, um wieder alle Kompetenzen freizusetzen.

Ein anderes Beispiel: Rita W. erschöpfte sich selbst durch ihren beständigen Anspruch »Ich muss es allen recht machen!«. Sie setzte sich das Ziel, diesen Auftrag an sich selbst durch eine neue Haltung zu ersetzen, die lautete: »Ich gebe mein momentan Bestmögliches, mehr geht nicht – das muss reichen und ist gut genug.«

Mittlerweile sind viele differenzierte Programme der Kompetenzanalyse und -bilanzierung im Angebot. Genaue Beschreibungen der unterschiedlichen Konzepte und Methoden sind im »Praxishandbuch: Methoden der Kompetenzbilanzierung und Portfolioanalyse« von Brigitte Mosberger, Ruth Kasper et al. nachzulesen.[44]

Vielfältige Kompetenzen und Übungen zur Kompetenzanalyse

Kompetenzen sind mehr als Wissen, Fertigkeiten und Qualifikationen. Sie stehen in Wechselwirkung mit Überzeugungen und handlungsleitenden Werten. Gerade für Frauen ist die Frage »Was traue ich mir zu?« ein wichtiges Thema in der Beratung. Hier geht es um die Arbeit am Selbstwert, an der realistischen Einschätzung der eigenen Fähigkeiten und deren Präsentation.

- Personale Kompetenzen: Die Fähigkeit, reflexiv und selbstorganisiert zu handeln, die eigenen Fähigkeiten erkennen und weiterentwickeln zu können.

- Fachlich-methodische Kompetenzen: Die Fähigkeit zur selbstorganisierten Lösung sachlich-gegenständlicher Probleme.
- Sozial-kommunikative Kompetenzen: Die Fähigkeit, kommunikativ und kooperativ selbstorganisiert zu handeln, sich mit anderen kreativ auseinanderzusetzen und sich beziehungs- und gruppenorientiert zu verhalten.
- Aktivitäts- und umsetzungsbezogene Kompetenzen: Die Fähigkeit, aktiv und ganzheitlich zu handeln und dieses Handeln auf bestimmte Ziele zu richten.

In jeder Form der Kompetenzanalyse geht es um die Selbstreflexion eigener Stärken und Schwächen sowie um Empowerment.

Beispiele für Übungen zur Kompetenzanalyse:

- »Was genau habe ich an meinem Arbeitsplatz xy (von … bis ...) gelernt?«
- »In welchen Aufgabenbereichen war ich tätig?«
- Zu konkreten Tätigkeiten: »Was hat mich daran interessiert und was hat mir diese Tätigkeit gebracht, wie hat mich diese Tätigkeit verändert?«
- Beispiel Kundenkontakt: »Ich habe gelernt, in stressigen Situationen Ruhe zu bewahren / mit vielen unterschiedlichen Menschen, Anforderungen und Situationen umzugehen ...«

Die gleiche Übung können Sie auch gut auf eine Tätigkeit aus dem Freizeitbereich anwenden, auf Haushalts- oder Betreuungsarbeit ebenso wie auf kulturelle Aktivitäten oder Vereinsarbeit. Wichtig dabei ist, dass Sie eine Tätigkeit wählen, die Sie gern und gut machen, und diese in viele Einzelschritte zerlegen. Dann können Sie erkennen, wie viele Kompetenzen Sie dazu brauchen und bereits anwenden.

Beispielsweise Kochen: Speiseabfolge nach bestimmten Kriterien auswählen, Zeitplan erstellen und einhalten, organisieren, koordinieren, mit einem bestimmten Budget haushalten und dementsprechend die Zutaten wählen und einkaufen, Arbeitsschritte aufeinander abstimmen, eventuelle Pannen berücksichtigen und adaptieren und vieles mehr.

Alle Kompetenzen, die Sie identifizieren und benennen können, lassen sich auch in anderen Bereichen einsetzen und für berufliche Tätigkeiten nutzen.

Wissen = Kenntnisse, Qualifikationen
Können = praktische Fähigkeiten, Kompetenzen
Sein = Eigenschaften, Stärken, Talente

- Zeichnen Sie einen Kompetenzen-Baum mit all Ihren Fähigkeiten, Talenten, Interessen und Erfahrungen, die Wurzeln gut verankert in der Erde, mit einem stabilen Stamm und starken Ästen bis zu den kleinen detailreichen Zweigen mit Ihren Spezialisierungen. Ihr Baum darf mit Ihren Wünschen in den Himmel wachsen.

- Schreiben Sie Ihren Lebenslauf als Erzählung, in Prosa, also in ganzen Sätzen. Damit entstehen keine Lücken und Brüche wie in tabellarischen Lebensläufen, und Phasen der Nicht-Erwerbstätigkeit können überzeugend argumentiert dargestellt werden.

Eine andere Methode zur Kompetenzfindung ist die Arbeit mit Sprachbildern (Metaphern):

- eine Geschichte schreiben, ein Bild malen oder eine Collage basteln mit dem Titel »Meine Kompetenzen, Interessen und Talente als Garten/Landschaft/Gebäude/Kunstwerk …« oder »Meine Erfahrungen in Bildung und Beruf als Reise/Wanderung ...«

- Verfassen Sie ein Empfehlungsschreiben für Ihren Traumjob, dabei dürfen Sie so richtig glänzen und angeben mit all Ihren kostbaren Talenten!

Diese Übung ist auch zu zweit eine feine Sache: Zuerst erzählen Sie einander von ihren Traumberufen, danach verfasst jede von Ihnen für die Übungspartnerin ein Empfehlungsschreiben. Toben Sie sich im Fantasieren so richtig aus, das befreit den Blick und erweitert die Perspektive.

Das dabei erarbeitete schriftliche Material – bei Lust und Laune auch grafisch, bildlich oder anderweitig kreativ – wird Ihnen dabei helfen, Ihr Potenzial insgesamt besser einschätzen und präsentieren zu können. Und hören Sie auf die Menschen in Ihrer Umgebung, die Ihnen etwas zutrauen: »Sie schaffen das!«

Wie Geld und Geschlecht zusammenhängen

Frauen stellen in allen armutsgefährdeten Gruppen die Mehrheit der Betroffenen dar: Alleinerziehende, Pensionistinnen, Rentnerinnen, Working Poor.

Die Old Boy Networks funktionieren eben nach wie vor sehr effektiv. Und darum ist Vernetzung auch für Frauen so enorm wichtig, um sich gegenseitig zu stärken.

Politische Ziele zur Vermeidung von Frauenarmut sind neben der gerechten Aufteilung bezahlter und unbezahlter Arbeit und öffentlichen Angeboten für die Betreuung von Kindern und pflegebedürftigen Menschen auch eine transparente Offenlegung aller Einkommen, um sie vergleichbar zu machen.

Der politische Wille zur Armutsvermeidung muss sich auch in der Steuerpolitik und in strukturellen Veränderungen zeigen, beispielsweise in leistbaren und qualitätvollen Kinderbetreuungseinrichtungen für alle Kinder, auch im ländlichen Raum, und zu den tatsächlichen Arbeitszeiten der Eltern.

»Die Liebe ist für die Männer immer so praktisch gewesen, dass der Gedanke nahe liegt, dass sie sie erfunden haben«[45] ist eine augenzwinkernde Polemik von Jill Tweedie.

Sehr viele Frauen (und auch Männer) informieren sich wenig über die rechtlichen Konsequenzen des Zusammenlebens. Ehe oder Lebensgemeinschaft sind rechtlich völlig verschiedene Gemeinschaften. Die Ehe ist ein Vertrag mit klaren Rechten und Pflichten, etwa der Pflicht des gegenseitigen Beistands, also einander zu unterstützen, der Pflicht zur Treue sowie der gegenseitigen Unterhaltspflicht. Die Lebensgemeinschaft hingegen ist eine unverbindliche Form des Zusammenlebens, aus der beispielsweise nach einer Trennung kein Wohnrecht in der Wohnung der*des Partner*in und auch keine Unterhaltsansprüche entstehen – egal wie lange die Lebensgemeinschaft dauert und ob es gemeinsame Kinder gibt. Die Entscheidung, eine Lebensgemeinschaft oder eine Ehe einzugehen, hat somit klare rechtliche und finanzielle Folgen.

Wieder anders ist es bei der eingetragenen Partnerschaft. (Hier bezogen auf österreichisches Recht). Es ist wichtig für eine eigenständige Existenzsicherung, sich gut zu überlegen, ob ich lieber in einer rechtlich freieren, unverbindlicheren Form zusammenleben will, die ich jederzeit auch ohne Gerichtsverfahren auflösen kann (Lebensgemeinschaft), oder ob ich mehr Verbindlichkeit haben will in Form von gegenseitigen Ansprüchen, aber auch Verpflichtungen. Ganz besonders wichtig ist dieses Nachdenken, wenn die unbezahlte Sorgearbeit ungleich aufgeteilt ist, also wenn Sie beispielsweise auf Ihre volle Berufstätigkeit verzichten, um die gemeinsamen Kinder zu betreuen. Aus einer Ehe resultieren Unterhaltsansprüche dafür, aus einer Lebensgemeinschaft nicht.

Gut bezahlte und unbezahlte Arbeit ist nach wie vor sehr ungleich zwischen Frauen und Männern verteilt. Sehr viele Frauen arbeiten Teilzeit, weil sie den Löwinnenanteil der Kinderbetreuungsarbeit sowie der Pflegetätigkeiten verrichten. Tatsache ist: An Frauen werden neue Ansprüche gestellt – etwa die unbedingte Flexibilität am Arbeitsmarkt, die Pflicht zur eigenständigen Existenzsicherung bis hin zur privaten Altersvorsorge –, während die alten Ansprüche der Hauptverantwortung für Haus- und Sorgearbeit weiterhin gelten. Laut einer Studie der International Labour Organization (ILO) und der Europäischen Stiftung zur Verbesserung der Lebens- und Arbeitsbedingungen vom Mai 2019 werden weltweit 16,4 Milliarden Stunden unbezahlte Arbeit pro Tag geleistet. Drei Viertel davon erledigen Frauen. In Deutschland leisten Frauen durchschnittlich 4 Stunden und 29 Minuten pro Tag unbezahlte Arbeit. Für Österreich hat die Studie keine genauen Zahlen veröffentlicht.[46] Laut der letzten Zeitverwendungsstudie der Statistik Austria 2009 werden in Österreich zwei Drittel der unbezahlten Arbeit von Frauen erledigt.

Die klassische Rollenverteilung hat also für beide Geschlechter immer noch sehr viel Gewicht, ein Gewicht, das sich auf die finanzielle Absicherung und die Karrieren von Frauen deutlich negativ auswirkt und für viele Alleinerzieherinnen und Pensionistinnen/Rentnerinnen in die Armut führt. Das *Private* ist also durch und durch politisch. Denn es *ergibt* sich nicht einfach nur, dass eine Mutter beim Kind zuhause bleibt und den Vater von seiner Sorgearbeit entlastet. Vielmehr bedeuten gleiche Rechte auch gleiche Pflichten. Eltern sind zu gleichen Teilen verantwortlich für die Kinderbetreuung.

»In jeder Geste steckt die ganze Gesellschaft«, diagnostiziert der Soziologe Jean-Claude Kaufmann zum Wäschewaschen, das viele Männer in dem Augenblick verlernen, in dem sie mit ihrer Partnerin in eine gemeinsame Wohnung ziehen. Das Zusammenziehen fördert ein Zurückgreifen auf traditionelle Weiblichkeits- und Männlichkeitsnormen (»Sie kann das halt besser, das mit der Wäsche«). Unbezahlte Sorgearbeit wird häufig von beiden Geschlechtern als Liebesdienst, als ohnehin unbezahlbare Arbeit aus Liebe betrachtet, eine Falle, die besonders nach Trennungen eine eigenständige Existenzsicherung erschwert.

Schon die Ausbildungs- und Berufswahl ist entscheidend

Frauendominierte Branchen sind schlechter bezahlt. In Österreich verteilen sich ca. zwei Drittel aller Mädchen auf vier schlecht bezahlte Lehrberufe: Verkäuferin, Friseurin, Sekretärin, Gastgewerbe. Die Betreuung von Menschen ist derzeit weit weniger wert als die Betreuung von Maschinen. Das ist auch in Deutschland und den meisten EU-Staaten nicht anders.[47] Eine Reform der Arbeitsbewertung ist hier dringend gefordert. Denn nicht die Frauen müssen sich ändern, sondern die Prioritäten unseres ökonomischen Handelns.

An der Universität Wien sind zwar rund 70 Prozent der Absolvent*innen weiblich, aber der Frauenanteil bei den Dozent*innen und Professor*innen beträgt laut dem letzten verfügbaren Gleichstellungsbericht gerade einmal rund 25 Prozent.

Frauen stellen in allen armutsgefährdeten Risikogruppen die Mehrheit der Betroffenen, zwei Drittel der Armen sind weiblich.

Frauen sind häufig überaus effiziente Verwalterinnen knapper Budgets. Sie gründen kleinere, aber stabilere Unternehmen. Ihre Unternehmen gehen weniger häufig in die Insolvenz. Anlegerinnen erzielen oft bessere Ergebnisse als Männer, weil sie sich gründlicher informieren, weniger gefühlsmäßig agieren und weil ihr Sicherheitsbedürfnis zu einer besseren Risikostreuung beiträgt und sie langfristigere Strategien verfolgen. Zockermoral findet sich eher unter Männern. Es waren auch die »Lehmann Brothers« und keine »Lehmann Sisters«, die mit ihren Spekulationsgeschäften 2008 den Banken-Crash auslösten.

»Was würden Sie mir zahlen, wenn ich ein Mann wäre?« Das subversive Potenzial der Geschlechterparodie

»Geld ist für mich nicht so wichtig, für mich zählt die Aufgabe.« Das ist ein klassischer weiblicher Lohnkiller-Satz bei Einstellungsgesprächen. Um nicht in eine solche Falle zu tappen, sondern ein gutes Gehalt zu fordern, versuchen Sie folgende Übung:

- Wie würden Sie sich in Ihrem Lebenslauf, bei einem Vorstellungsgespräch präsentieren, wenn Sie alle weiblich sozialisierten Bescheidenheitsgebote hinter sich lassen?

Normen wirken, indem sie uns in bestimmte Bahnen lenken, etwa indem sie gesellschaftliche Anerkennung versprechen oder mit dem Entzug dieser Anerkennung drohen. Normen determinieren uns jedoch nicht, sondern sind auf beständige Wiederholung angewiesen und somit offen für Neuinterpretationen. Im Wiederholen von Normen können wir deren Bedeutung auch verändern. Wir können zum Beispiel unser Frau-Sein (oder Mann-Sein oder alles dazwischen und darüber hinaus) sehr unterschiedlich gestalten und auf der sozialen Bühne aufführen. Judith Butler nennt das die »Performativität« unserer Geschlechter, also wenn das gesprochene Wort im Kontext der Geschlechter in die Tat umgesetzt wird. Die auffälligste Variante stellt die Geschlechterparodie als bewusste Inszenierung von Männlichkeit und Weiblichkeit dar, wobei durch die Übertreibung der »ganz normale« Prozess sichtbar wird, wie Männlichkeit und Weiblichkeit entsteht.

Weibliche und männliche Identität sind die permanente Nachahmung eines Ideals der Eindeutigkeit, die das jeweils »Andere« ausschließt. Die Geschlechterparodie legt dieses Imitieren richtiger, echter Weiblichkeit und Männlichkeit offen und zeigt damit, dass diese Inszenierungen nichts Natürliches sind, sondern kulturelle Vereinbarungen darüber, wie in dieser Zeit, an diesem Ort eine Frau oder ein Mann zu sein hat. Wie sie oder er sich zu kleiden, zu sprechen, zu gehen, zu stehen, zu verhalten hat, den Raum einnehmen darf oder nicht, Kranke pflegen oder einen Konzern lenken soll. Die Geschlechterparodie führt damit die Veränderbarkeit all dieser Regeln vor. Es gibt kein Original hinter der Kopie. Es gibt kein Außerhalb dieses ernsten sozialen Spiels auf dieser Bühne. Wir können unsere Weiblichkeit und Männlichkeit nicht *nichtaufführen*, wir können diese Aufführung jedoch vielfältiger und eigenwilliger gestalten.

Denn auch das konventionelle Konzept von Männlichkeit, das auf Härte, Unverwundbarkeit, Unempfindlichkeit gegenüber Schmerz und instrumentellen Körpereinsatz zielt, macht krank. Mit diesem Männlichkeitsbild wird um Hilfe bitten zum Tabu. Mann muss immer alles im Griff haben, kennt keinen Schmerz, beißt die Zähne zusammen und macht die Dinge mit sich selbst aus. Der Körper hat zu funktionieren. Männer gehen deshalb seltener und später zum Arzt, leben risikoreicher, z. B. beim Sport, beim Autofahren, beim Alkoholkonsum und bei der Ernährung, und sterben früher als Frauen.

Sobald wir uns diese gesellschaftlichen Geschlechternormen bewusst machen und erkennen, dass wir Weiblichkeit und Männlichkeit permanent im Alltagshandeln herstellen, eröffnen sich neue Perspektiven auf die eigene Handlungsfähigkeit und neue Gestaltungsmöglichkeiten von Weiblichkeit und Männlichkeit: von Anpassung über Verweigerung und Neuinterpretation bis hin zur Parodie. Und ein nicht-geschlechterrollenkonformes Verhalten ist gesundheitsfördernd für alle Geschlechter.

Die bewusste Parodie auf Geschlechternormen wird auch in der psychosozialen Beratungspraxis als eine Methode genutzt, um lustvoll Handlungsspielräume zu erweitern. Die nachfolgende Szene aus einer psychosozialen Sitzung veranschaulicht, wie sich durch die parodistische Darstellung weiblicher Schwäche Geschlechterklischees verschieben.

Das Setting ist eine Gesprächsgruppe für Frauen in Trennung:

Frau Palme berichtet von einer Situation, in der sie sich ihrem Mann unterlegen gefühlt hat. Sie stellt ihn stark und übermächtig dar. Sie erzählt leidenschaftlich und eloquent, wie sie sich ihm rhetorisch unterlegen fühle und bei ihm »nichts zu sagen« habe. Sie nimmt sich viel Raum für ihre Schilderung und lässt sich auch nicht von den anderen unterbrechen. Sie dominiert dabei mit ihrer lauten und ausführlichen Erzählung die gesamte Gruppe. Aufgrund ihrer starken Präsenz erscheint sie in der Rolle als schwache, handlungsunfähige Frau unglaubwürdig und irritierend. Sie hat offensichtlich große Lust am dramatischen Erzählen, bis alle Teilnehmerinnen und sie selbst in Lachen ausbrechen.

Die Gruppe arbeitet zwei parallele Strategien in Frau Palmes Verhalten heraus: Verschleierung ihrer Stärke und Vortäuschung ihrer Schwäche. Sie zeigt ihrem Mann (und ihren Söhnen) ihre schwache Seite und verbirgt ihre Stärke, um nicht in den Konflikt zu gehen. Sie scheut die Konfrontation, sich mit einer anderen Meinung als seiner zu positionieren. Frau Palme verkörpert die Widersprüche weiblicher Subjektivität in einer patriarchal strukturierten Beziehung mit ihrem völlig anderen Verhalten in der Frauengruppe und in ihrem Beruf. Öffentlichkeit und Privatheit erfordern einander entgegengesetzte Eigenschaften.

Die Dramatik der Selbstdarstellung ermöglicht es, die Fallen der jeweiligen Rollenverteilung zu erkennen und daraus die Perspektive zu entwickeln, sich nicht gelebte Verhaltensweisen und Kompetenzen innerhalb der Paarbeziehung und der Familie wieder anzueignen – Kompetenzen, über die Frau Palme beruflich (mittleres Management) wie auch in der Gruppe klar verfügt.

Einige Gruppenteilnehmerinnen imaginierten die von ihr beschriebene Szene des übermächtigen Ehemannes auf neue Weise, indem sie Frau Palme folgende Perspektive anboten: »Du gibst ihm diese Macht. Wie tust du das? Wie könntest du ihm diese Macht nicht mehr geben, dich selbst stärken?« Nach anfänglicher Irritation wurde Frau Palme sehr nachdenklich, etwas verzagt meinte sie: »Es braucht wirklich viel Mut, aus gewohnten Rollen auszubrechen. Ich weiß nicht, wie ich das schaffen soll.«

Im weiteren Verlauf wurde die Frage »Wem gebe ich Macht über mich?« immer wieder aufgegriffen und auf unterschiedliche Weise beleuchtet. Durchaus kritisch reflektierten die teilnehmenden Frauen die Täter-Opfer-Dynamik, indem sie feststellten, dass es bei aller Frustration auch bequeme Seiten hat, vertraute Rollen zu erfüllen. Sich selbst zu behaupten, sich Durchsetzungsfähigkeit anzueignen, ist für stereotyp weiblich sozialisierte Personen harte Arbeit.

Die Gruppenteilnehmerinnen bestärkten einander, indem sie sich Schritt für Schritt mehr Selbstwirksamkeit zutrauten. Mit einer veränderten Haltung in eine Konfliktsituation zu gehen, bringt ein anderes Ergebnis hervor. Frau Palme forderte von Mann und Söhnen Beteiligung an der Hausarbeit ein. Absurde Ausreden ihres Mannes und ihrer Kinder – »Ich hab nichts gefunden zum Aufwischen« – kontert sie parodistisch: »Ja klar, ich hab wieder sämtliche Putzutensilien versteckt, damit niemand anderer in der Familie sie verwenden kann.«

Ab dem Moment, in dem sie sich selbst erlaubte, bestimmte Aufgaben konsequent nicht mehr für die anderen zu übernehmen, zeigten ihre Söhne und ihr Mann zögerliche Ansätze von Initiative. Eine gewisse Leichtigkeit und Großzügigkeit im Umgang mit sich selbst ermöglichten immer wieder die parodistische Überzeichnung der familiären Szenen im Rahmen der Gruppe. Diese humorvolle Herangehensweise stärkte die Teilnehmerinnen für den oft zähen Weg der kleinen Veränderungsschritte.

Die Parodie verdeutlicht den Konflikt: hier das öffentliche Auftreten im Beruf als perfekte, durchsetzungsfähige, karrierebewusste, fordernde, toughe Siegerin, dort die private Seite in der Partnerbeziehung und der Familie, in der sie fürsorglich, an den Bedürfnissen der anderen orientiert, bescheiden, friedfertig, niemals wütend zu sein hat. In der parodistischen Überzeichnung der beiden Positionen in diesem Machtspiel (unterlegene Frau, dominierender Mann) treten die widersprüchlichen Rollenanforderungen an Frauen sichtbar zu Tage und und regen zum Widerspruch an. So wird ein Heraustreten aus der antrainierten Hilflosigkeit und Passivität möglich, und für scheinbar festgefahrene Situationen eröffnen sich plötzlich alternative Gestaltungsmöglichkeiten.

So erzählt eine andere Teilnehmerin aus der Gruppe, wie unerhört irritiert ihr Mann war, als er sie eines Abends in SEINEM Fernsehsessel mit SEINER Fernbedienung in der Hand vorfand und sie sich die Kontrolle darüber aneignete, die er sonst für sich in Anspruch nahm. Ein solches Aneignen bisher ungewohnter Rollen kann sehr befreiend wirken und festgefahrene Beziehungsmuster in Bewegung bringen.

Weiblichkeit und Männlichkeit zu parodieren ist eine gute Strategie, mit der sich die eigenen Handlungsspielräume lustvoll erweitern lassen: »Wie würde ich dies oder jenes als Mann / als Frau machen?«, »Wie trete ich im öffentlichen Raum in Erscheinung? Wie gehe, stehe, sitze ich? Wie nehme ich Raum ein?«, »Wie verschaffe ich mir Gehör?«, »Welche Botschaften vermittle ich mit meiner Mimik?«, »Signalisiert mein dauerndes Lächeln Sanftmütigkeit?«

Dieses spielerische Hinterfragen kann aber genauso nützlich für die Vorbereitung auf ein Bewerbungsgespräch, eine anstehende Gehaltsverhandlung oder die neu aufzuteilenden Verantwortlichkeiten in Haus- und Sorgearbeit sein. Gerade im Bereich der Sorge- und Pflegearbeit besteht dafür enormer Handlungsbedarf. Ein erster Schritt dahin ist das Infragestellen geschlechtsspezifischer Zuschreibungen und scheinbarer Selbstverständlichkeiten.

Lernen Sie mit männlicher Selbstverständlichkeit zu sagen: »Ich kann das unmöglich übernehmen, da habe ich einen wichtigen beruflichen Termin.«

GEHORSAME KÖRPER, WIDERSPENSTIGE KÖRPER UND DIE KRAFT DES NEINSAGENS

»Wenn alle Frauen dieser Erde morgen früh aufwachten und sich in ihren Körpern wirklich wohl und kraftvoll fühlten, würde die Weltwirtschaft über Nacht zusammenbrechen.«[48] Laurie Penny

Permanente ängstliche Überwachung unseres Körpergewichts, Dauerdiäten und selbstschädigendes Verhalten, um eine vermeintliche Schönheit zu steigern, beschäftigen viele von uns. Rundum verbesserungsbedürftig, nie dünn genug, nie fit genug, nie begehrenswert genug. Jeder Makel ein Zeichen mangelnder Disziplin.

Heute ist die geforderte Selbstkontrolle von Frauen so weit verinnerlicht, dass kollektives Diäthalten als normales weibliches Essverhalten bezeichnet werden kann: etwa die Einteilung in »erlaubte« versus »verbotene« Nahrungsmittel und die damit verbundene Orthorexie – der Zwang, sich »richtig« = »gesund« zu ernähren. Feministische Theoretikerinnen lehnen es deshalb ab, Essstörungen generell zu pathologisieren, weil damit die zugrundeliegenden krankmachenden kulturellen Normen verschleiert werden.

Besonders dramatisch ist die Situation bei jungen Mädchen: Schon Fünfjährige diskutieren über ihre Figur, Schülerinnen gehen nicht zum Sport, weil sie sich zu fett finden, 12-Jährige wollen ein Brazilian Waxing. Sie betrachten ihren Körper wie eine Ware, die bearbeitet und verbessert gehört. Der Körper ist der Ort, an dem die Arbeit an sich selbst sichtbar werden soll. Hier versuchen Mädchen, Kontrolle über sich und ihr Leben zu demonstrieren: Wenn ich sonst im Leben oft das Gefühl habe, wenig gestalten zu können, forme ich eben meinen Körper nach bestimmten Vorstellungen.

Angela McRobbie meint, es ist heute leichter, ein krankes Mädchen zu sein als ein offen widerständiges Mädchen, das sich den Weiblichkeitszumutungen verweigert. Genau das bestätigt sich auch in der psychosozialen Beratung. Der Preis dafür, mitspielen und dazugehören zu dürfen, ist der Verzicht auf Kritik an diesem System. Dieses Schweigen aber kann krank machen. »Ein bisschen Magersucht, ein bisschen

Bulimie. Es geht mir nicht total gut gerade, aber ich denke, das geht allen Frauen so«, meinte Amy Winehouse im Interview mit dem Daily Mirror im Oktober 2006.

Doch auch Krankheiten können eine widerständige Botschaft beinhalten und einen Protest gegen krankmachende Rollenzuweisungen und gesellschaftliche Machtverhältnisse ausdrücken – und so erste Schritte hin zur Veränderung in sich bergen. Essstörungen und selbstverletzendes Verhalten können als Kritik an unzumutbaren Weiblichkeitsanforderungen gedeutet werden. Da Mädchen und Frauen nach wie vor primär über ihr Aussehen und ihren Körper wahrgenommen und bewertet werden, liegt es nahe, das Leiden an diesen Normen körperlich auszudrücken. Den eigenen Körper auffällig dünn oder dick schrumpfen oder wachsen zu lassen oder ihn mit Narben vom Ritzen zu versehen ist auch ein Statement gegen die Anforderung, hübsch, schlank und makellos zu sein. Auch Depressionen, Erschöpfungszustände und Schmerzen können gegen sich selbst gerichtete Anklagen an die Gesellschaft beinhalten. »Depressed? It might be political!«[49]

Sylvija G., 29, kommt zum Erstgespräch zu mir in die Beratung. Perfekt geschminkt und modisch gekleidet sitzt sie mir gegenüber. Sie spricht sehr schnell und wirkt angespannt, wie unter Strom. Ihr Deutsch ist akzentfrei, obwohl sie erst ein Jahr in Österreich lebt. Sie hat ihr Betriebswirtschaftsstudium in Bulgarien in Mindestzeit absolviert und nebenher Intensivsprachkurse belegt, um in einem internationalen Konzern eine gute Position zu erreichen. Das ist ihr gelungen, allerdings: »Als Frau und als Migrantin muss ich mindestens doppelt so gut sein wie die männlichen Kollegen, um ernst genommen zu werden und um interessante Aufträge zu bekommen. Ich kann mir keinen Fehler leisten.«

Sylvija ist stolz darauf, sich in ihrem Job zu bewähren, und arbeitet durchschnittlich 60 Stunden die Woche. Seit zwei Monaten fällt sie zwar um Mitternacht todmüde ins Bett, wacht aber regelmäßig um drei Uhr mit Herzklopfen auf und kann nicht mehr einschlafen. Sie grübelt, legt innerlich Listen an mit all den Dingen, die zu tun sind, und wird immer unruhiger, je länger sie wach liegt. In der Nacht quält sie die Angst zu versagen, nichts mehr zu schaffen, auf der Straße zu landen.

Als Kind war Sylvija eher pummelig und hat mit 13 ein radikales Diätprogramm mit sehr viel Sport durchgezogen. »Früher habe ich mich mit Essen beruhigt, aber es kamen sofort abschätzige Blicke und untergriffige Kommentare, wenn ich zugenommen hatte. Die Urteile der Kollegen sind extrem streng. Wenn eine Frau nicht wirklich dünn ist, gilt sie als fett. Ich will keine Angriffsfläche bieten. Ich bin als Mädchen schon genug verletzt worden mit Beschimpfungen über mein Gewicht. Ich lebe extrem diszipliniert, nur so schaffe ich das. Bei Geschäftsessen denke ich währenddessen schon daran, wie ich es wieder loswerden kann. Oft helfe ich dann mit Abführmitteln nach.«

Das letzte Mal ohne Schuldgefühle gegessen hat sie als Kind bei ihrer Oma, der einzigen Person in ihrem Leben, bei der sie sich angenommen und geliebt fühlte, ganz ohne etwas zu leisten.

Genuss macht ihr Angst, Angst vor Kontrollverlust. Es scheint in Sylvijas Leben keinen Raum für Entspannung, Loslassen, Sich-gehen-Lassen zu geben. Das einzige Ventil für dieses beständige Unter-Druck-Stehen und Leistung-Bringen sind beschämende Fressanfälle mit anschließendem Erbrechen. »Wenn ich manchmal einen Fressanfall habe, genieße ich das Essen nicht. Es fühlt sich eklig an, wie etwas Schmutziges, und ich muss sofort alles wieder auskotzen.«

Sylvija hat extrem hohe Ansprüche an sich, die durch die starke Konkurrenz und die sexistischen Kommentare an ihrem Arbeitsplatz noch gepusht werden. Das Fressen und Kotzen ist – auch wenn es selbstschädigend ist – die ihr einzig mögliche Form des Widerstands gegen all die Zumutungen und die Disziplinierung ihres Körpers.

An der tieferen Bedeutung dieses Verschlingens und Ausspeiens setzen wir in der Beratung an. Sylvija findet eine Sprache für ihre Trauer und ihre Wut. Sobald sie Worte dafür findet, worüber sie traurig ist und was sie wütend macht, werden die Anfälle weniger. Sie stellt die Anforderungen ihrer Umgebung infrage und versucht auch, die Ansprüche an sich selbst auf ein erträgliches Maß herunterzuschrauben. Sie muss nicht perfekt sein und darf auch mal einen Fehler machen oder eine Aufgabe ablehnen.

Wir sprechen darüber, wie sie Ruhepausen in ihren Alltag einbauen und einen sicheren Ort in sich selbst imaginieren kann.

Sylvija entdeckt ihre Leidenschaft fürs Fotografieren wieder und eröffnet sich damit eine kreative Welt, in der sie keinen Leistungsdruck erlebt. Während des Fotografierens ist sie im Flow bei sich und wird ruhig. Schritt für Schritt versucht sie, Essen wieder zu genießen, und entwickelt langsam etwas Toleranz für einen nicht-ganz-dünnen Körper. Ihr Fazit aus der Beratung: »Ich muss nicht immer funktionieren und ich muss nicht alles aushalten.«

Mädchen und Frauen schätzen häufig ihre Körpermaße falsch ein und finden sich ganz grundsätzlich zu dick. Laut einer Studie der Universität Glasgow[50] haben Frauen bis zu zehn Mal häufiger ein gestörtes Bild von ihrem eigenen Körper als Männer. Selbst eine nach dem Body-Mass-Index völlig normale Figur wird von den meisten Frauen immer noch als zu dick erlebt, während Männer sich darüber deutlich weniger Gedanken machen und sich selbst eher als »richtig« einschätzen, selbst wenn sie schon als übergewichtig gelten.

Das an das Max-Planck-Institut für Psychiatrie angeschlossene Therapie-Centrum für Essstörungen (TCE) in München bestätigt, dass 90 Prozent der weiblichen Jugendlichen und 73 Prozent der Frauen ein Gewicht unter dem Normalgewicht am erstrebenswertesten finden. Laut Therapeutin Cornelia Götz-Kühne kommen schon 9- und 10-Jährige mit Klinikaufenthalten in die Essstörungsberatungsstelle Kabera in Kassel. Jede zweite 11- bis 13-Jährige nimmt nur noch winzige Mahlzeiten nach dem Studium von Kalorientabellen zu sich, zwei von drei aller 11- bis 19-jährigen Mädchen sind mit ihrem Aussehen unzufrieden und möchten dünner sein[51], und 40 Prozent der unter- bis normalgewichtigen Mädchen und jungen Frauen zwischen 11 und 19 Jahren in Westeuropa halten sich für zu dick.[52] Fast jedes zweite Mädchen zwischen 11 und 13 Jahren in Westeuropa hat zumindest schon eine Diät gemacht.[53]

Kaum eine Frau ist zufrieden mit ihrem Körper. Das dauernde Messen und das ständige Vergleichen mit künstlich designten perfekten Körpern, die uns tagtäglich in einer Bilderflut begegnen, machen krank. Ein Gegenprogramm dazu bietet feministische Beratung: Spür-Sinn entwickeln, statt Anschauungsobjekt für andere sein wollen, und ein gutes Maß für sich selbst finden.

Werbung und Medien halten uns permanent und überall digital bearbeitete Bilder von perfekt gestalteten Menschen und Körpern vor, denen niemand von uns gerecht werden kann – kein Wunder, denn sie wurden künstlich erzeugt und sind nicht real. Und doch lassen sie uns unzufrieden mit unserem Körper werden und schaffen es, in uns das abstruse Bedürfnis zu erzeugen, möglichst viele Produkte zu unserer Selbst-Bearbeitung zu kaufen. Die britische Kolumnistin Laurie Penny ist überzeugt, dass die Weltwirtschaft zusammenbrechen würde, sobald sich Mädchen und Frauen stark und wohl in ihrem Körper fühlten und keinen Bedarf mehr an Produkten hätten, die schöner oder schlanker machen sollen.

Darin steckt viel Macht: Stellen Sie sich vor, Sie fühlen sich rundum gut mit sich, so wie Sie eben sind. Keine Mängelbehebung nötig. Sie konzentrieren sich darauf, was Sie erreichen und genießen wollen und verschwenden keine Zeit mehr mit Körperbearbeitung. Wie fühlt sich das an? Frei? Gut so! Lassen wir uns nicht einreden, ein genormter Körper würde glücklich machen. Denn das tut er ebenso wenig wie genormte Lebensformen. Anstatt unser Aussehen zu optimieren, wenden wir also unsere Zeit und Energie lieber dafür auf, unseren Interessen nachzugehen, unsere Talente zu entfalten, lebendig zu sein, zu spüren, zu erleben. Oder in den Worten von Laurie Penny: »[...] [V]or allem wollen wir nicht mehr schön und brav sein!« Feminismus bedeutet auch, klar und unmissverständlich NEIN zu unzumutbaren Bedingungen und Forderungen zu sagen. Ein klares, ruhiges Nein – »Nein, das mache ich nicht«, »Nein, das ist nichts für mich« – kann enorme Kraft entfalten. Nutzen Sie diese Kraft. Schaffen Sie sich Freiräume durch Neinsagen.

Schon in der Pubertät, in der sich der verändernde Körper der Kontrolle entzieht und wir ihn als noch fremder erleben, lautet die Botschaft an heranwachsende Mädchen, dass der weibliche Körper zwar mangelhaft gegenüber dem männlichen sei, er sich jedoch über seine Reproduktionsfunktionen und seinen Marktwert als *schöner* Körper bestimmen lässt. Und obwohl eine Frau über ihren Körper definiert wird, gehört er ihr anscheinend nicht. Durch die allgegenwärtige Vermarktung des weiblichen Körpers nehmen Frauen ihren eigenen Körper als zu bearbeitendes Objekt wahr. Sie beobachten sich selbst als diejenigen, die angesehen werden. Durch den verinnerlichten Blick des anderen sind sie immer zugleich Subjekt und Objekt ihrer eigenen Zurichtung. Dieser Mechanismus der Selbstbewertung und -entwertung zeigt sich beispielsweise in der Modefotografie, in der Frauen dazu ermutigt werden, auf voyeuristisch-vampirische Weise die meist digital manipulierten Bilder anderer Frauen zu konsumieren und sich beständig selbst daran zu messen.[54]

Magersucht: Ein Aushungern fremdbestimmter Weiblichkeit

Die Magersüchtige hungert ihren Körper als Projektionsfläche für Weiblichkeitsklischees aus und versucht so, Autonomie (zurück) zu gewinnen. Sie stellt als Symptom ihrer krankmachenden Umgebung deren Wertesystem infrage, indem sie körperlich verweigert, Frau zu werden. Sie lässt sich nicht auf ihr Geschlecht festlegen und entzieht sich durch ihre Androgynität. Die Magersucht symbolisiert eine verzweifelte Identitätssuche, einen Versuch der Selbstbehauptung, wie die Schriften der Pionierin der Magersuchttheorie Hilde Bruch zeigen.[55]

Fett symbolisiert in unserer Leistungs- und Fitnesskultur mangelnde Selbstbeherrschung, Schwäche und persönliches Versagen. Anorektikerinnen nehmen Fett als Bedrohung ihrer Autonomie und ersehnten Bedürfnislosigkeit wahr. Die Magersüchtige hat Angst vor ihrer eigenen überwältigenden, alles verschlingenden Unersättlichkeit. So bestätigt und widerlegt sie zur gleichen Zeit das Stereotyp der unersättlichen Femme fatale, denn ihre Selbstdisziplin und Härte gegen sich könnten nicht größer sein, das zeigt ihr ausgehungerter Körper deutlich.

Hier soll der Geist über den Körper herrschen, den die Magersüchtige durch die überfrachteten, sich widersprechenden Weiblichkeitsstereotype als fremd erlebt. Anorektikerinnen schaffen sich ihre eigene »Hungerwelt«, isolieren sich und verleugnen ihre Krankheit, oft auch dann noch, wenn die Abmagerung schon ein lebensbedrohliches Ausmaß erreicht hat. Hunger wird ebenso wie sonstige Bedürftigkeit oder Schwäche geleugnet. Der Körper wird zum Austragungsort gesellschaftlicher Macht. Auf der Ebene des weiblichen Körpers verdichten sich alle Widersprüche, die eine patriarchale Gesellschaft für Frauen bereithält, er wird zum Symbol dieser unannehmbaren äußeren Realität.

Ähnlich wie die Anorektikerin die fremdbesetzten weiblichen Attribute ihres Körpers aushungert, verbirgt die fettleibige Frau diese in ihren Fettschichten. Das Zum-Verschwinden-Bringen des Fremdbestimmten – durch Hungern oder überdeckendes Fett – ist ein Versuch der Wiederaneignung des Enteigneten. Dahinter kann sich der starke Wunsch verbergen, die Weiblichkeit des eigenen Körpers selbst zu bestimmen.

Die immer häufiger auftretende Adipositas kann so als Kehrseite der Anorexie und als Parodie der weiblichen Norm-Form verstanden werden. Wie sehr Frauen und Mädchen an den an sie gestellten widersprüchlichen gesellschaftlichen Rollenerwartungen leiden, spiegelt sich in der Ambivalenz zwischen Anpassung und Widerstand, zwischen dem verzweifelten Unsichtbar-sein-Wollen und dem sehnsüchtigen Gesehen-werden-Wollen.

Beratung und Therapie arbeiten daran, Worte für das Leiden zu finden. Das Zur-Sprache-Bringen dieser Konflikte zwischen Eigenwilligkeit und Anpassung, Selbst- und Fremdbestimmung, Autonomie und Bindung, und das In-die-Beziehung-Bringen kann die Symptome überflüssig machen. Indem ich Worte für meine Wut finde, muss ich sie nicht mehr gegen mich selbst richten. Die Aggression kann einen anderen Ausdruck als den selbstschädigenden annehmen. Diese Spannungszustände in Worte zu fassen, sie zu benennen, hat auch einen gesellschaftskritischen Charakter, indem die das Leiden verursachenden gesellschaftlichen Konflikte deutlich werden. So kann in individuellen Störungen gesellschaftlicher Veränderungsbedarf erkannt werden – denn das Psychologische ist auch politisch.

Bulimie: Die Angst vor dem fetten Selbst

Die Bulimikerin hat meist ein Normgewicht, von dem aus sie im Gegensatz zur Anorektikerin, die ihre Symptomatik offensiv zur Schau stellt, heimlich agiert und der Gesellschaft »vor die Füße kotzt«. Die Aggression offen auszudrücken erlaubt sie sich nicht, wohl auch, weil ihre Umgebung dies sanktionieren würde. Im Gegensatz zur Anorektikerin identifiziert sie sich zumeist stark mit Weiblichkeit, wenn auch ihr Verhältnis zum herrschenden Weiblichkeitsbild zwiespältig ist. Sie will ihren Körper nicht aushungern, sondern leidet *nur* an ständiger Übergewichtsphobie.

Viele an Bulimia nervosa leidende Frauen haben das standardisierte Idealgewicht. Aber während die Oberfläche des Körpers gepflegt wird und dem geltenden Schönheitsideal entspricht, ist der selbstzerstörerische Effekt des Ess-Brech-Verhaltens in seinen nachhaltigen körperlichen Schädigungen beträchtlich: Speiseröhrenentzündungen und gravierende Zahnschäden durch ätzende Magensäure, Magen-, Darm-, Nieren- und Leberschäden aufgrund Abführ- oder Entwässerungsmittelmissbrauchs etc.

Anders als Magersüchtige leiden Bulimikerinnen meist an großen Schuldgefühlen bezüglich ihres Verhaltens. Die Anfälle selbst werden als Verselbständigung des Körpers erlebt, der alles verschlingen will, um die empfundene innere Leere zu kompensieren. Die Angst vor Kontrollverlust ist eine ähnliche wie bei der Anorexie. Die verschlungene Nahrung entwickelt ein Eigenleben, sie wird als Fremdkörper im Körper der Bulimikerin erlebt. Die drohende Verschmelzung mit diesem »Anderen« durch die Verdauung ist unerträglich und muss durch das herbeigeführte Erbrechen gestoppt werden. Der psychische Zusammenbruch – »Ich halte das nicht aus, ich habe dann Panik, verrückt zu werden« – wird durch das Ausspeien verhindert.

Die bulimische Strategie schwankt zwischen den Polen der Anpassung an die geforderten Weiblichkeitsnormen (idealgewichtiger Körper) einerseits, dem heimlichen Aufbegehren gegen diese andererseits. *Unweibliche* Gier und Aggression werden allein und im privaten Raum im Fressanfall ausgelebt. Nach außen wird die perfekte Fassade kontrollierter, erfolgreicher Weiblichkeit präsentiert.

Die beschriebene Persönlichkeit einer bulimischen Frau entspricht weitgehend den in einer patriarchal geprägten Kultur von Frauen geforderten und belohnten Eigenschaften, wie der durchgängigen Verinnerlichung gesellschaftlicher Normen und Leistungsansprüche sowie der Abhängigkeit von sozialer Anerkennung. In vielen Studien wird die Bulimikerin als außerordentlich ehrgeizig, besonders attraktiv und erfolgreich dargestellt. Ein optimales Identifikationsangebot, ja geradezu eine Modellsymptomatik für die moderne Power-Frau, die in Zeiten des sogenannten Postfeminismus angeblich allen an sie gestellten Anforderungen – Karriere, Haushalt, Kinder, Partnerschaft, Fitness etc. – mühelos genügt.

Tatsache ist aber, dass die neuen Möglichkeiten weiblicher Lebensgestaltung die traditionellen Rollenerwartungen an uns Frauen nicht abgelöst haben. Die bulimische Strategie ist eine Variante, mit den daraus resultierenden widersprüchlichen Anforderungen umzugehen. Denn sie verspricht gesellschaftliche Anerkennung, wenn die Schlankheitsnorm eingehalten wird.

In ihrer Studie zur frühen Entwicklung bulimischer Frauen weist Petra Focks auf die Tatsache hin, dass deren Herkunftsfamilien überdurchschnittlich stark und hier insbesondere an Geschlechterrollen normenkonform ausgerichtet sind.[56]

Durch die in der Bulimie praktizierte Spaltung in ein *öffentliches* und ein *geheimes* Selbst erscheint bulimischen Frauen die von ihrem Umfeld erhaltene Zuwendung immer unglaubwürdiger, da sie in ihren Augen nur der perfekten Außenfassade gezollt ist. Scham, Selbstabwertung und soziale Isolation als Folge des bulimischen Verhaltens lösen neue Anfälle aus. So entsteht eine nur schwer zu durchbrechende Dynamik.

Bulimikerinnen berichten häufig, dass sie mit dem beabsichtigten *kontrollierten Kontrollverlust* eines Fressanfalls einen Genuss anstreben, der dabei aber nicht erreicht wird. Was eine Entschädigung für die sonstige Selbstdisziplin sein sollte, was guttun sollte, lässt statt Genuss nur Zwang, Getriebensein und Schuldgefühle zu. Anstatt zum Selbst-Anteil wird der eigene Körper zum latenten Feind, an dem stellvertretend das abgehandelt wird, was interpersonell nicht möglich oder nicht erlaubt ist.

Ein Beispiel aus einem Beratungsgespräch:

Die 18-jährige Lisa hatte etwas zugenommen, ihr Freund meinte: »Lass dich doch nicht so gehen!« Den Ärger über diese Äußerung richtete Lisa gegen sich, indem sie im Bad verschwand und sich zum Erbrechen zwang, anstatt ihren Unmut zur Sprache zu bringen. Dahinter steht ihre Angst vor dem Konflikt, die Angst vor dem Nicht-geliebt-Werden und Verlassenwerden. Sie ist davon überzeugt: »Wenn ich nicht ›pflegeleicht‹ bin, will mich niemand.«

Hier zeigen sich wieder die Zerrissenheit und das Leiden an den einander widersprechenden weiblichen Rollenanforderungen: »Vom Ich-Ideal her müßten sie perfekt, fehlerlos und kompetent sein, begehrenswerte erfolgreiche Siegerinnen, vom Über-Ich her demütig, untergeordnet, altruistisch und keusch«, formulierte der Wiener Facharzt für Psychiatrie, Psychotherapie und Psychotherapeutische Medizin, Ulrich Sachsse.[57] Sie sollen begehrt werden, nicht selbst begehren. Auf das notwendige Scheitern, den widersprüchlichen Anforderungen zu genügen, folgt wiederum die Selbstbestrafung. Dem Körper wird dafür, dass er leidet, Leid zugefügt.

Um das selbstschädigende Körperhandeln, in diesem Fall die Essstörung, zu überwinden, ist es notwendig zu lernen, wie die eigenen

Autonomie- und Bindungswünsche in einem Gleichgewicht verwirklicht werden können. Dabei stellen die widersprüchlichen Weiblichkeitsnormen eine enorme Herausforderung dar, denn die Botschaft lautet: »Du musst beständig an dir arbeiten, um als richtige Frau anerkannt zu werden.« Formate wie *Germany's next Topmodel* exerzieren den militärischen Drill der Selbstbearbeitung vor. Sich-gehen-Lassen und Genießen sind dabei verboten. Lustvolles Essen wird als »sündigen« bewertet, wobei diese Bewertung und das dauernde »Ich-sollte-ja-nicht« weit eher krank machen als lustvolles Essen.

Diese Sprechweisen machen die beständige Selbstüberwachung deutlich, die wir heutzutage betreiben. Frauenkörper waren immer Ziel patriarchaler Disziplinierung. Neu ist, dass wir diesen Blick verinnerlicht haben und uns dauernd selbst beobachten als diejenigen, die angeblickt werden. Wir sind selbst unsere strengsten Kritikerinnen. Der Körper reagiert und verweigert das reibungslose Funktionieren, was subversives Potenzial beinhaltet. Essstörungen verkörpern gesellschaftlich bedingte Konflikte. Anstatt Frauen zu pathologisieren (»Diese Frau ist krank«), zeigt feministische Beratung auf, wie die gesellschaftlichen Bedingungen, in denen Frauen leben, krank machen. Und ein Beispiel dafür ist die Bulimikerin, die, äußerlich scheinbar angepasst, die Zumutungen heimlich und im Verborgenen wieder hervorwürgt.

Essen und Feminismus: Entsorgen Sie Ihre Waage!

»In einer Kultur, die auf weibliche Schlankheit fixiert ist, ist die wahre Obsession nicht weibliche Schönheit, sondern weiblicher Gehorsam. Diäten sind das wirksamste politische Sedativ in der Geschichte der Frauen; eine Bevölkerung, die im Stillen wahnsinnig gemacht wird, ist leicht lenkbar.«[58] Naomi Wolf

Essen ist für sehr viele Frauen ambivalent besetzt. Eine Hassliebe, die das Genießen erschwert. Es ist heilsam, die Ernährung aus dieser Spannung herauszulösen und sie pragmatisch als das zu nutzen, was sie ist: Energie und Genuss.

Die rigide Einteilung in »gute, erlaubte« und »böse, verbotene« Nahrung ersetzt nicht das eigene Ausprobieren und Erleben: »Was tut mir gut und was nicht?«

Ernährungs- und Gesundheitsdiskurse sollen Frauen beschäftigen. Sie sind die Adressatinnen für diesen Gesundheits- und Versorgungsdiskurs. Ehefrauen und Mütter sind aufgerufen, ihre Männer und Kinder »gesund« zu bekochen. In der Beratung ermutige ich Frauen dazu, diese Fürsorge nicht selbstverständlich zu leisten, sondern sich den Wert dieser Arbeit bewusst zu machen. Nicht wenige Männer geben hier die Verantwortung gerne ab. Frauen *müssen* diese aber nicht automatisch übernehmen. Politisch liegt hier, in der unbezahlten Sorgearbeit, ein wirkungsvolles Streikpotenzial.

Was in der Beratung deutlich wird: Mediale Botschaften vom Essen als Gefahr für die Gesundheit beschäftigen und verunsichern Frauen, die alles »richtig« machen wollen und die dazu nach Normen und Orientierung suchen. – Ein verständliches Bedürfnis, aber dieses ständige Messen, Vergleichen und Bewerten wirkt sich eindeutig belastend auf die Lebensqualität aus. Um wieder das eigene Maß zu finden, das »was mir guttut«, lautet mein feministischer Rat:

Werfen Sie Ihre Waage weg!

Normen, wie Frauen auszusehen haben, was sie durch Kleidung bedecken oder was sie enthüllen und zeigen sollen, schränken uns in unserer Selbstbestimmung ein und disziplinieren uns. Allerdings: Wo es gelehrige Körper gibt, gibt es immer auch widerständige.

Xenia, 25, kommt mit dem Wunsch in die Beratung: *»Ich will endlich etwas aus meinem Leben machen, etwas tun, das für mich Sinn hat. Ich habe nie für etwas anderes Lob bekommen als für mein hübsches Aussehen. Ich will endlich für das anerkannt werden, was ich bin und was ich tue.« Ihr Widerstandsgeist hat sich beim Modeln geregt, sie hat die Behandlung in der Welt des schönen Scheins als demütigend erlebt. »Das ist alles nicht echt, das sind manipulierte Kunst-Körper.«*

Für Xenia ist es ein großer Entwicklungsschritt, als sie in der fünften Sitzung ganz ungeschminkt in die Beratung kommt. Sie erkennt, wie ihr körperlicher Perfektionsanspruch sie in ihrer Freiheit einschränkt. Langsam traut sie sich, bestimmte Make-up-Rituale sein zu lassen und sich zu zeigen, wie sie ohne Bearbeitung aussieht. Die frühere Schutzschicht sollte ursprünglich Hautprobleme verdecken, hat sich aber verselbständigt und ist zu einer Fas-

sade geworden, hinter der sie sich einsam und wertlos fühlt. Wenn sie mit Freundinnen fortgeht, trinkt sie regelmäßig viel Alkohol, um »gut drauf« zu sein. Ihrem Freund kann sie nur unter Alkoholeinfluss nahe sein, er zeigt keine Gefühle, redet wenig.

Im Lauf der Beratung erkennt sie, wie sehr sie sich seinen Bedürfnissen angepasst hat und wie wenig Nähe und Unterstützung sie von ihm bekommt. Im Gegenteil macht er ihr Druck, sie solle sich endlich wieder eine Arbeit suchen und nicht »sinnlos herumgrübeln«.

Sie beendet die Beziehung und stellt ihre Kriterien für einen Beziehungspartner infrage. Sie merkt, dass ihr eine gute Gesprächsbasis deutlich wichtiger ist als gutes Aussehen. Ein Partner soll Leichtigkeit und Humor in ihr Leben bringen und ihre Bedürfnisse wahrnehmen. Sie entschließt sich zu einer Lehre als Drogistin.

Immer wieder überfällt sie die Angst, sie sei ohne ihre schöne Maske nichts, könne nichts, sei für die Ausbildung nicht gut genug, würde es eh nicht schaffen, den Anforderungen zu entsprechen.

Es bedarf viel geduldiger Arbeit, das eigene Selbstvertrauen nachhaltig zu stärken und das für sich passende Maß zu finden: »Ich darf mit diesen verrückten Schönheitsstandards spielen.«

Jahre später kommt Xenia mit einem ganz anderen Thema noch einmal in die Beratung. Mittlerweile bereitet es ihr großes Vergnügen, sich in bestimmten Situationen »unweiblich« zu verhalten und Erwartungen zu irritieren. Selbstbewusst sagt sie: »Ich muss mich diesem Erfolgsdruck nicht mehr beugen, es geht mir nicht mehr darum, immer in allem perfekt sein zu müssen, alles gleichzeitig kann sich einfach nicht ausgehen. […] Wichtig finde ich, für mich Freiräume zu schaffen, soweit es halt geht. Und nicht den Anspruch zu haben, ich bin ganz frei von diesen Normen – sie manchmal einfach auch mit Humor nehmen.« Der klassischen Rollenzuschreibung »hübsche, nette Frau« auch mal nicht zu entsprechen, erlebt sie als befreiend und hat damit ihren Handlungsspielraum enorm erweitert.

Normen bestimmen uns keineswegs vollständig, sondern lassen Spielraum für eigenwillige Interpretation und aufmüpfige Aneignung, zum Beispiel in der Fat-positive-Bewegung, die vielfältige Formen und Bilder von Schönheit zeigt.

Geschlechtsspezifische Krankheitskulturen

Krankheit ist eine anerkannte Form, die es uns erlaubt, Beschwerden auszudrücken. Hinter psychosomatischen Erkrankungen können sich ganz unterschiedliche Baustellen verbergen: von krankmachenden Beziehungen über unbetrauerte Verluste bis hin zu Überforderung und fehlender Anerkennung im Beruf. Psychische Konflikte, die keinen sprachlichen Ausdruck finden, zeigen sich in körperlichen Symptomen. Psychosomatische Krankheitsbilder können Ärger und Konflikte verbergen. Das Zur-Sprache-Bringen und Benennen des eigenen Leidens kann diese Symptombildungen überflüssig machen. Dem eigenen Unbehagen auf die Spur zu kommen und destruktive Denk- und Handlungsweisen zu verändern, ist Teil feministischer Beratung.

Frauen und Männer verkörpern Beschwerden, Störungen und auch körperliches Wohlbefinden unterschiedlich. Statistische Daten über Gesundheit und Krankheit von Männern und Frauen weisen in Industriestaaten ähnliche geschlechtsspezifische Verteilungen auf. Männer und Frauen bezeichnen sich selbst unterschiedlich häufig als gesund und krank, klagen über unterschiedliche Beschwerden, erhalten bestimmte Diagnosen in unterschiedlicher Häufigkeit, suchen unterschiedlich oft medizinische Behandlung und konsumieren bestimmte Medikamentengruppen in stark unterschiedlichem Ausmaß.

Zu krankmachenden Lebensbedingungen, wie der stärkeren Armutsgefährdung und der Betroffenheit von Gewalt im sozialen Nahraum, kommt ein Verzerrungseffekt in der psychiatrischen Diagnostik hinzu, der Frauen auf besondere Weise pathologisiert.

Schon in den 70ern gab es Diskussionen zum »Doppelstandard seelischer Gesundheit«. Inge Broverman untersuchte mit anderen Psycholog*innen den Einfluss geschlechtsspezifischer Rollenstereotype auf die psychiatrische Diagnostik von Frauen und Männern. Die Ergebnisse waren bedenklich. Das männliche Stereotyp bezieht sich vor allem auf den Bereich *Kompetenz* (Selbstvertrauen, Durchsetzungsvermögen, Unabhängigkeit), das weibliche vor allem auf *Wärme* und *Ausdrucksfähigkeit* (Freundlichkeit, Sanftheit, Bezogenheit auf andere). Broverman stellte fest, dass die im psychosozialen Feld Tätigen

(Psychiatrie, Sozialarbeit) weit eher bereit waren, Frauen als psychisch gesund zu diagnostizieren, wenn sie

- sich etwas unterwürfig und abhängig verhielten,
- wenig abenteuerlich und leicht zu beeinflussen waren,
- sich weniger aggressiv und kompetitiv und schnell in ihren Gefühlen verletzt zeigten,
- sich sehr emotional und mit ihrem Aussehen beschäftigt zeigten.

Diese Konstellation scheint doch eine sehr ungewöhnliche Art zu sein, ein reifes, gesundes Individuum zu beschreiben. Denn tatsächlich wurden hier Frauen Eigenschaften und Verhaltensweisen zugeordnet, die gerade nicht als Kennzeichen für einen gesunden erwachsenen Menschen gelten.[59]

Daraus ergibt sich für Frauen eine Double-Bind-Situation: Wenn sie die im beruflichen Leben geforderten Werte und Verhaltensweisen, wie eine gewisse Härte und Durchsetzungsfähigkeit, zeigen, wird ihre Weiblichkeit infrage gestellt. Zeigen sie sich andererseits als klassisch weiblich – empathisch, sanft, an den Bedürfnissen anderer orientiert –, bleiben ihnen sehr wahrscheinlich die für die Karriere interessanten Positionen verschlossen.

Dass diese Zuordnungen ihre Gültigkeit noch nicht verloren haben, erwies eine 1989 in Deutschland durchgeführte Studie von Ariane Barth.[60] Als typisch männlich gelten nach wie vor Eigenschaften wie rational, objektiv, aktiv, dominierend, konkurrenzfreudig. – Alles Eigenschaften, die zur Karriere des Familienernährers nötig sind, wobei wohl kaum noch erwähnt werden muss, dass das Klischee des die Familie erhaltenden Alleinversorgers in den allermeisten Fällen schon lange nicht mehr der Realität entspricht. Als typisch weiblich gelten hingegen Eigenschaften wie passiv, nicht aggressiv, altruistisch, emotional, einfühlsam.

Nach dem US-amerikanischen Soziologen Talcott Parsons wird Gesundheit als ein Zustand optimaler Leistungsfähigkeit eines Individuums für die wirksame Erfüllung der Rollen und Aufgaben definiert, für die es sozialisiert wurde. Wie diese weibliche Rollenkompetenz und somit »Gesundheit« auszusehen hat und sich von der männlichen

Rollenzuschreibung hinsichtlich Leistungsfähigkeit, Durchsetzungsvermögen und Autonomie unterscheidet, wird an den oben beschriebenen Stereotypen von Inge Broverman deutlich.

Als Kriterium für psychische Gesundheit dienen Eigenschaften und Verhaltensmuster von Männern, die in unserem Wertesystem als psychisch gesund gelten. Spezifische Erfahrungen und Verhaltensformen von Frauen werden dabei ignoriert und als von der Norm abweichend klassifiziert. Und genau dieser Doppelstandard findet sich auch in der Testpsychologie wieder, wo es für Frauen und Männer teilweise unterschiedliche Normwerte gibt. So stellte der Psychiater, Sexualwissenschaftler und Psychotherapeut Friedemann Pfäfflin 1992 fest, dass ein als neurotisch eingestufter Mann auf derselben Testskala als gesund gilt, wenn er als Frau bewertet wird. Das besagt nichts anderes, als dass auf dieser Testskala eine psychisch gesunde Frau einem psychisch labilen Mann entspricht. Wohingegen als typisch weiblich bewertete Eigenschaften sich zum Teil nur graduell von depressiven Symptomen unterscheiden.[61]

Ein gewisses Maß an Bedrücktheit wird hier offenbar als angemessen für die Befindlichkeit von Frauen bewertet. Eine »normale« Frau hat ein bisschen bescheidener, ein bisschen zurückhaltender, ein bisschen in sich gekehrter zu sein als ein »normaler« Mann. Hier zeigen sich die Zerrissenheit und das Leiden an den widerstreitenden weiblichen Rollenanforderungen: Mädchen und Frauen sollen, um als weiblich zu gelten, nicht aggressiv sein, sondern altruistisch, emotional und einfühlsam, andererseits sollen sie sich durchaus in der Berufswelt durchsetzen und Karriere machen, ihre Projekte vorantreiben und Führungspositionen ergreifen. Frauen sollen für andere sorgen, ihre eigenen Bedürfnisse hintanstellen, sie sind abhängig von der Anerkennung anderer, wollen gefallen und geliebt werden – andererseits sollen sie selbstbewusst und autonom sein, toughe Frauen in der Berufswelt. Diesen widersprüchlichen Weiblichkeitsanforderungen entsprechen zu wollen, kann krank machen. Eigensinn und Eigenwilligkeit können gesund erhalten – auch und gerade weil sie als »unweiblich« gelten. Nicht-geschlechterrollenkonformes Verhalten ist gesundheitsförderlich, auch für Männer!

Geschlechtsspezifisches Krankheitsverhalten im Lebensverlauf

Ab der Pubertät schätzen Mädchen ihre Gesundheit deutlich schlechter ein als Jungs und klagen vor allem über psychosomatische Beschwerden. Das bis dahin herrschende Verhältnis kehrt sich um und Mädchen werden nun deutlich häufiger als behandlungsbedürftig eingeschätzt und medizinisch-therapeutisch behandelt als Buben. Ab etwa 12 Jahren erhalten Mädchen mehr Psychopharmaka verordnet als Jungen, etwa im Verhältnis 2 zu 1.[62]

An Jungs wird schon früh die Anforderung gestellt, über den Körper Stärke und Dominanz zu signalisieren, akustisch ebenso wie in der Eroberung ihrer physischen Umgebung. Sie werden beispielsweise dazu ermutigt, in wilden Spielen den Raum in Besitz zu nehmen. Aufgrund der elterlichen Angst um die körperliche und sexuelle Unversehrtheit ihrer Töchter werden Mädchen im Vergleich dazu deutlich mehr eingeschränkt, beaufsichtigt und beschützt.

Mädchen werden schon sehr früh nach Kriterien von Schönheit und Attraktivität beurteilt, was ihr Streben nach niedlichem Aussehen beeinflusst.[63] Marlene Stein-Hilbers spricht von »geschlechtstypischen Körperkarrieren«, die sich bei Mädchen in deutlich größerer Aufmerksamkeit und Sorge für ihre Gesundheit und ihr Körperbild manifestieren als bei Buben.[64]

Die *Sexualisierung* des Körpers betrifft Mädchen grundlegend in ihrem Selbstbild: Der eigene Körper wird als Sexualobjekt wahrgenommen, wieder und wieder mit anderen verglichen, bisweilen auch instrumentell eingesetzt. Er soll die Wertschätzung anderer gewährleisten. Der Körper wird zum Kapital, an dessen Wert und Attraktivität ständig gearbeitet werden muss. Schamdiskurse sogenannter Frauenzeitschriften und Reality-TV-Formate wie *GnT* oder *The Swan – Endlich schön* verstärken diese Selbstwahrnehmung.

15- bis 17-jährige Mädchen sind unzufriedener mit sich selbst als gleichaltrige Jungen und wünschen sich, anders zu sein, als sie sich zur Zeit erleben. Sie äußern öfter das Gefühl, unwichtig zu sein und von ihrer Umgebung als überflüssig empfunden zu werden. Auffallend häufig berichten Mädchen über mangelndes Selbstwertgefühl und depressive Verstimmungen.[65]

Medien, Militär und Leistungssport vermitteln hingegen Bilder stoischer männlicher Härte gegenüber dem eigenen Körper, der Schmerz unbeschadet aushalten könne. Ein schonender Umgang mit dem eigenen Körper gilt quasi als unmännlich. Die Aufmerksamkeit für potenzielle Krankheitszeichen widerspricht damit dem herrschenden Männlichkeitsbild. Für Frauen hingegen stellt die Achtsamkeit und Sorge um den Körper, seine Unversehrtheit und sein Aussehen einen lebenslangen Imperativ dar: »Sei in Sorge um dich – sorge für die anderen!«

Der traditionell-bürgerlichen Arbeitsteilung entsprechend wird uns Frauen auch die Zuständigkeit für die Sorge um die Gesundheit unserer Familie zugewiesen, angefangen bei der Ernährung über Kleidung und Bewegung bis hin zur Vorsorge und Pflege. Wir sind es, die erwartungsgemäß die jeweils gültigen Regeln für das Gesundheits- und Vorsorgeverhalten anwenden, die Mann und Kinder dazu motivieren, sich gesund zu verhalten, und die dieses Verhalten kontrollieren. Diese Gesundheitsarbeit[66] wird von Frauen im Kontext der Familie erwartet und meist auch geleistet.

In einer ganzen Reihe von Untersuchungen zeigen Frauen eine ausgeprägtere und differenziertere Wahrnehmung von Körperzuständen und Befindlichkeiten. Gesundheit wird dabei geschlechtsspezifisch unterschiedlich definiert. Männer deuten Gesundsein mehr als »Freisein von Krankheit und Schmerz« und beschreiben es als Voraussetzung für Leistungs- und Funktionsvermögen. Frauen setzen Gesundheit oft mit subjektivem Wohlbefinden gleich[67] und drücken empfundene Beeinträchtigungen eher als Männer in emotionalen und psychosomatischen Beschwerdekategorien aus[68]. Ärzt*innen schreiben den Beschwerden von Frauen weitaus häufiger psychosomatische und psychogene Ursachen zu als jenen der Männer[69], was auch erklärt, warum die Verschreibungsmenge von Psychopharmaka, hauptsächlich Schmerz- und Beruhigungsmitteln, bei Frauen mit rund 70 Prozent so hoch liegt[70]. Ruhiggestellt zu werden, anstatt zu klagen oder gar aufmüpfig zu sein, entspricht wohl auch dem geschlechtsspezifischen sozial erwünschten Verhalten.

Frauen wird zugeschrieben, zu einer nach innen gerichteten Verarbeitung von Spannungen und Belastungen zu tendieren. Männer hingegen tendieren zur Nicht-Wahrnehmung, Leugnung und dem körperlichen Ausagieren.[71] So nutzen Frauen u. U. den Rückzug in die Krankheit als sozial legitime Reaktion auf Belastungen – eine Art der Bewältigung, die Zuwendung und Schonung gewährleisten soll. Und im Gegensatz zu verheirateten berufstätigen Männern, die sich selbst als besonders gesund einschätzen, sehen sich nichterwerbstätige Frauen mit Kindern bei der Einschätzung der eigenen Gesundheit am unteren Ende der Skala verortet. Andrea Ernst beschreibt dieses Krankheitsverhalten von Frauen als »Ausdruck der ›Erschöpfung‹ nach einem endlosen Prozess des Gebens«[72] ...

Verletzungsoffenheit und Verletzungsmächtigkeit

Jugendliche machen miteinander Erfahrungen, in denen der Körper riskiert, präsentiert und inszeniert wird. Eine wesentliche Dimension der Erfahrung bilden Über- und Unterlegenheit, Über- und Unterordnung, Kontrolle und Kontrollverlust. Als Sanktionsmittel für unerwünschtes oder nicht anerkanntes Verhalten gilt das Risiko der Beschämung – für Jungen als sexueller Versager, für Mädchen als Betrogene und sexuell Ausgenutzte. Für Jungen finden die ernsten Spiele oder Kämpfe im Wettbewerb der Eroberung, Verteidigung oder Verletzung von Territorien statt, für Mädchen ist diese Arena eher gekennzeichnet vom Begehren, begehrt zu werden.

Solche Erfahrungen und gemeinsame Deutungen können das Konzept eines »gefährdeten Körpers« erzeugen. Auch heute noch zeigen sich geschlechtsspezifisch unterschiedliche Bewertungsmaßstäbe, in denen weibliche Sexualität bewahrend in einer festen Beziehung zu einem älteren Jungen verortet ist, gegenüber einer riskierenden, aneignenden, oft auch übergriffigen männlichen Sexualität.[73]

Auch *Körper- und Schmerzerfahrungen* werden in Geschlechterkategorien gedeutet: beispielsweise der Menstruationsschmerz, der weiblich konnotiert im Körperinneren verortet und tabuisiert ist, während der Schmerz der Verletzung in den ernsten Spielen des Wettbewerbs als männlich und heldenhaft gilt. Diese Verbindung von Macht und Geschlecht schreibt sich tief in die Körper ein. Verschiebungen sind zwar schwierig, aber möglich. Die Soziologin Karin Flaake spricht hier von der »Verletzungsoffenheit« als lebensgeschichtlich prägende Erfahrung von Mädchen und jungen Frauen.[74] Die Marginalisierung und fehlende Macht erzeugen spezifische Körpererfahrungen, ganz besonders solche Erfahrungen, die die Beschaffenheit der Grenze des Körpers nach außen betreffen, wie körperliche und sexualisierte Gewalt. Der Körper *weiß* um seine Diskriminierung und entwickelt Praktiken, um sich zu schützen, zu betäuben oder unter Druck und Belastung zu aktivieren. Eine von Gewalt betroffene Frau schilderte in der Beratung ihre Strategie, wie sie ihren Mann, wenn er sie schlagen wollte, bremste, indem sie sich selbst zu schlagen begann.

Diese Irritation erreichte ihre Wirkung, allerdings um den Preis, dass sie sich bei jedem Mal heftiger wehtun musste, um ihn davon abzuhalten, sie zu schlagen. Sie selbst empfand dabei Taubheit und konnte nicht weinen, »obwohl sich alles nur nach Weinen anfühlt«.

Erst im geschützten Raum der Beratung war es ihr möglich, zu weinen und behutsam, Schritt für Schritt, über das Gefühl der Verletzlichkeit und die Notwendigkeit, sich selbst zu schützen, wieder den Zugang zu den eigenen Stärken zu finden – auch indem die eigenen, oft verschütteten aggressiven Regungen einen Ausdruck finden und zur Selbstbehauptung eingesetzt werden durften.

In der feministischen Frauenberatung können Betroffene frei sprechen, ohne Bewertung und ohne Handlungsdruck, ohne Zäsur. Sie haben Zeit, im Gespräch mit einer außenstehenden, wohlwollenden Beraterin, die auf ihrer Seite steht, ihre Situation zu klären.

Betroffene erhalten hier Informationen und Entscheidungshilfen, um gemeinsam mit der Beraterin aus einer sich öffnenden Perspektive neu auf das Problem blicken zu können. Durch diesen Blickwechsel zeigen sich oft bisher nicht gedachte Optionen.

Meist führt der Weg von der Frage »Wie ist die Situation so geworden, wie sie ist?« hin zur Frage: »Wie könnte es anders, besser sein, wie könnte ich die Situation für mich verändern?« Feministische Frauenberatung unterstützt Betroffene dabei, ihre Stärken (wieder) zu entdecken und den eigenen Handlungsspielraum für ein selbstbestimmtes Leben zu öffnen. Und sie macht Mut, sich auf das Neue einzulassen.

SCHLUSSWORTE UND EINE EINLADUNG

Martha, 49: *»Früher dachte ich, ich muss mit allem allein klarkommen. Jetzt weiß ich, dass sich Unterstützung holen nicht Schwäche, sondern Stärke bedeutet.«*

Insbesondere in den Quarantänezeiten der Corona-Pandemie hat sich die Onlineberatung als niederschwellige Möglichkeit bewährt, frühzeitig Hilfe zu suchen und die Gefahr einer Eskalationen zu minimieren.

Wo Familien isoliert und ohne Möglichkeit des Ausweichens auf engstem Raum zwischen Kinderbetreuung und Homeoffice den Alltag bewältigen müssen, wächst die Bereitschaft zur häuslichen Gewalt. Und in der Onlineberatung können Ratsuchende zu jeder Tages- und Nachtzeit schreibend Kontakt aufnehmen, was an sich schon entlastend wirken kann. Sie können sich alles von der Seele schreiben, sich eine erste Orientierung und rechtliche Informationen holen und so die Situation für sich abklären.

Zusammen-Eingesperrtsein während des Lockdown, die Isolation, das Fehlen an Austausch- und Unterstützungsmöglichkeiten, der ökonomische Druck und die Existenzängste haben bestehende Gewaltsituationen in Beziehungen noch verschärft. Viele Frauen berichteten von körperlicher Gewalt wie Würgen, Stoßen, Schlagen sowie von sexualisierter Gewalt durch den Partner, oder von einem ins Unerträgliche intensivierten Kontrollverhalten. Conny B. schrieb: *»Ich muss alles so machen wie er sich das vorstellt, er lässt mich keine Minute aus den Augen, kontrolliert mein Handy, lässt mich nicht telefonieren, droht mir, die Kinder wegzunehmen, wenn ich mich trennen will.«*

Hier wurde mit den Betroffenen beraten, wie sie wirkungsvoll Grenzen setzen, einschränkendes und demütigendes Verhalten unterbrechen, und sie wurden ermutigt, sich bei Bedrohung Unterstützung zu holen durch Personen im sozialen Nahraum und Polizei.

Bei Franziska W. drohte der getrennt lebende Partner, die gemeinsame 2-jährige Tochter nach der Kontaktzeit nicht mehr zurückzubringen, wenn sie sich nicht bereit erklärt, die Scheidung zurückzuziehen. Und der frühere Lebensgefährte von Paula G., der in angetrunkenem Zustand den 4-jährigen Sohn mit dem Auto abholen wollte, drohte, die Tür einzutreten und sie umzubringen, als sie sich weigerte ihm den Sohn zu überlassen.

Beide holten sich in der Onlineberatung rechtliche Informationen und den Mut, die Polizei zu rufen und im Fall von Paula eine Wegweisung des Mannes zum Schutz des Sohnes zu verlangen. Für sie war insbesondere die Bestätigung wichtig, richtig gehandelt zu haben, um ihren Sohn zu schützen und darin bestärkt zu werden, dass sie dies auch weiterhin tun darf, auch wenn der Kindesvater ihr vorwirft, sie »zerstöre die Familie«.

Neben der Gewalt war die Angst vor Überforderung und die Furcht vor Einsamkeit ein großes Thema.

*Martha S., Pflegefachkraft in einem Spital, schrieb nachts über ihre Angst, bei ihrer Pflegetätigkeit Patient*innen anzustecken. Jeden Tag gab es neue Vorschriften, und das Team, das im Dauereinsatz war, war vollkommen überlastet. Ihre Patient*innen litten unter Einsamkeit, weil niemand sie besuchen durfte. Besonders die älteren hatten Angst, ihre Kinder nicht mehr zu sehen. Martha hatte in den letzten beiden Wochen 10 Kilo abgenommen, konnte nicht mehr zur Ruhe kommen und auch nach den anstrengenden Nachtdiensten nicht mehr schlafen. „Ich bin so froh, dass ich während dieser Corona-Krise mit Ihnen schreiben kann. Danke für Ihre Leitsätze, die werde ich mir vorsagen, wenn ich das nächste Mal in Panik zu verfallen drohe. Ich kann nun besser einen Tag nach dem anderen überstehen und mache meine Arbeit so gut ich eben kann. Das Gefühl »es ist nie genug, was ich leiste« ist zwar immer noch manchmal da, aber es quält mich nicht mehr dauernd. Mit Ihrem Gedanken »Schritt für Schritt« geht es etwas leichter.«*

Und viele alleinwohnende Frauen, die sehr darunter litten, niemanden treffen zu können, nutzten die Onlineberatung zum Austausch. Sie vermittelte ihnen das Gefühl, nicht allein dazustehen: »Das Schreiben hier ist eine Entlastung in dieser Kasernierungskrise, in der mir als Kranke zuhause die Decke auf den Kopf fällt."

Die Onlineberatung von Frauen* beraten Frauen* wurde am 6. April 2020 als internationales best practice-Beispiel bei häuslicher Gewalt in Zeiten der Corona-Quarantäne in den Abendnachrichten des japanischen Nationalfernsehen genannt.

Isa, 36: »*Ich war sicher, dass ich selbst schuld an allem bin, was in meinem Leben nicht gut läuft: Ich habe versagt, ich genüge nicht, hab mich nicht genug angestrengt. Durch die Frauenberatung habe ich erkannt, dass diese Selbstbeschuldigung falsch ist. Nicht ich bin an allem schuld. Es gibt gesellschaftlich ganz klare Nachteile für Frauen, sei es die Bezahlung, Aufstiegschancen oder Gewalt durch den Partner. Da ist nicht die einzelne Frau schuld, das müssen wir als Gesellschaft ändern. In der Beratung habe ich gelernt, wofür wirklich ich verantwortlich bin und was ich ändern kann und wo es nicht an mir liegt, was nicht mein Fehler ist. Das hilft mir enorm, mein Leben nach meinen Bedürfnissen zu gestalten.*«

Jana, 57: »*Ich hab mich mit meinem ganzen Leben überfordert gefühlt. Nichts hat mir mehr Freude gemacht, ich war in einer Sackgasse. Die Nummer der Frauenberatung hab ich fast ein Jahr lang im Börsel mit mir herumgetragen. Ich hab mich fürchterlich geschämt, dass ich mein Leben nicht auf die Reihe kriege. Als ich am absoluten Tiefpunkt war und gedacht habe, mir kann eh niemand mehr helfen, hab ich einen Beratungstermin ausgemacht. Schon nach dem ersten Gespräch bin ich leichter weggegangen. Das war, wie einen unheimlich schweren Rucksack abladen. Und mit jeder Beratungsstunde wird es wieder ein Stück heller in meinem Leben.*«

Reden wirkt. Schreiben wirkt. Frauenberatung wirkt.

Das Sternchen* im nachfolgenden Gedicht symbolisiert die Vielfalt möglicher Weiblichkeiten – das, was frau alles sein und tun kann und darf – und steht für ein unkonventionelles Frau-Sein.

Eine Einladung

Jede Frau* darf anders sein.
Jede Frau* darf wütend sein.
Jede Frau* darf gierig sein.
Jede Frau* darf emotional sein.
Jede Frau* darf frustriert sein.
Jede Frau* darf hysterisch sein.
Jede Frau* darf zickig sein.

Jede Frau* darf bitchy sein.
Jede Frau* darf bossy sein.
Jede Frau* darf karrieregeil sein.
Jede Frau* darf schamlos sein.
Jede Frau* darf ein unverschämt hohes Gehalt fordern.
Jede Frau* darf eine Rabenmutter sein.
Jede Frau* darf unweiblich sein.
Jede Frau* darf unfit sein.
Jede Frau* darf fett sein.

Jede Frau* darf stark sein.
Jede Frau* darf schwach sein.
Jede Frau* darf sich Unterstützung holen.
Jede Frau* darf widersprüchlich sein.
Jede Frau* darf verrückt sein.
Jede Frau* darf Spielverderberin sein.
Jede Frau* darf kindisch sein.
Jede Frau* darf permanent prämenstruell sein.
Jede Frau* darf älter werden und die Rentnerin in sich entdecken.

Jede Frau* darf »Nein« sagen und »Ja« sagen.
Jede Frau* darf grantig sein.
Jede Frau* darf aggressiv sein.
Jede Frau* darf jammern und klagen.
Jede Frau* darf zetern und wüten.
Jede Frau* darf mutig sein.
Jede Frau* darf ängstlich sein.
Jede Frau* darf sich entscheiden, wofür sie will.
Jede Frau* darf Fehler machen.
Jede Frau* darf Entscheidungen aufschieben.
Jede Frau* darf vom Glauben an die Kleinfamilie abfallen.
Jede Frau* darf aus der Reihe tanzen.
Jede Frau* darf sich unbeliebt machen.
Jede Frau* darf unabhängig sein.

Jede Frau* darf streiken und ihre Welt verändern.

Hilfreiche Adressen

Deutschland:

Antidiskriminierungsstelle des Bundes
www.antidiskriminierungsstelle.de

BFF – Frauen gegen Gewalt e. V. www.frauen-gegen-gewalt.de
Bundesarbeitsgemeinschaft Täterarbeit Häusliche Gewalt e. V.: www.bag-taeterarbeit.de
Bundesarbeitsgemeinschaft Täter-Opfer-Ausgleich
www.bag-toa.de
Bundesministerium für Familie, Senioren, Frauen und Jugend (BMFSFJ): www.bmfsfj.de
Bundesweiter Koordinierungskreis gegen Menschenhandel e. V.: www.kok-gegen-menschenhandel.de

DaMigra – Dachverband der Migrantinnenorganisationen: www.damigra.de
Desert Flower Foundation (FGM): www.desertflowerfoundation.org
Deutscher Juristinnenbund e. V.: www.djb.de

Europäisches Täterarbeitsprojekt: www.work-with-perpetrators.eu

Frauenhauskoordinierung: www.frauenhauskoordinierung.de

Hilfetelefon Gewalt gegen Frauen: www.hilfetelefon.de,
Telefon: 08000 116 016 (bundesweit anonym und in 17 Sprachen, rund um die Uhr kostenfrei)

Terre des Femme: www.frauenrechte.de

Weibernetz e. V.: www.weibernetz.de

Zentrale Informationsstelle Autonomer Frauenhäuser:
www.autonome-frauenhaeuser-zif.de

Österreich:

FRAUEN* BERATEN FRAUEN*: www.frauenberatenfrauen.at
Anonyme und datengeschützte Onlineberatung sowie persönliche Beratung zu allen Themen des weiblichen Lebenszusammenhangs, psychosoziale, rechtliche und Gesundheitsberatung, Trennungsbegleitung, berufliche Laufbahnberatung, Psychotherapie und Gruppenangebote

Frauengesundheitszentren: www.frauengesundheit.at/

Frauenhäuser: www.aoef.at/index.php/frauenhaeuser2

Frauenhelpline gegen Gewalt: Telefon: 0800 222 555
(bundesweit, rund um die Uhr und kostenfrei)

Frauen- und Mädchenberatungsstellen:
www.netzwerk-frauenberatung.at/index.php/beratungsstellen

Frauennotrufe: www.aoef.at/index.php/frauennotrufe

Gewaltschutzzentren: www.gewaltschutzzentrum.at/

Frauengesundheitszentren: www.frauengesundheit.at/

Women Against Violence Europe: www.wave-network.org/

Quellenverzeichnis

1 Thürmer-Rohr, Christina : Die Gewohnheit des falschen Echos. In: Beiträge zur feministischen Theorie und Praxis, 17 »Neue Heimat Therapie«. Köln 1986: Eigenverlag, S. 113-120.
2 Zitiert aus dem deutschen Therapiegesetz: »[...] heilkundliche Tätigkeit zur Feststellung, Heilung oder Linderung von psychischen Störungen mit Krankheitswert«.
3 vgl. Rahm, Dorothea : Gestaltberatung. Grundlagen und Praxis integrativer Beratungsarbeit. Paderborn 1988: Junfermann, S. 71.
4 vgl. Rahm, Dorothea : Gestaltberatung. Grundlagen und Praxis integrativer Beratungsarbeit. Paderborn 1988: Junfermann, S. 80 ff.
5 Bröckling, Ulrich: Das unternehmerische Selbst. Soziologie einer Subjektivierungsform. Frankfurt/M. 2007: Suhrkamp.
6 vgl. Wetterer, Angelika: Rhetorische Modernisierung: Das Verschwinden der Ungleichheit aus dem zeitgenössischen Differenzwissen. In: Knapp / Wetterer (Hg.innen): Achsen der Differenz II; Münster 2003, S. 286-319
7 vgl. Appel, Margit: Politisierung von Frauen als Strategie gegen Frauenarmut. In: Heitzmann, Karin und Schmidt, Angelika (Hg.innen): Wege aus der Frauenarmut. Frankfurt/Main 2004, S. 192.
8 vgl. Zehetner, Bettina: Krankheit und Geschlecht. Feministische Philosophie und psychosoziale Beratung. Turia + Kant, Wien/Berlin 2012. Volltext im Download: homepage.univie.ac.at/bettina.zehetner/
9 Revolutionärin, Frauenrechtlerin, Schriftstellerin, die 1791 die französische »Frauenrechtsdeklaration« schrieb. Sie hielt u. a. den Ehestand, der eine Frau unter die Kuratel ihres Ehemannes stellte, für überholt und forderte eine Revision des Eherechts. Sie starb am 03.11.1793 auf dem Schafott. www.fembio.org/biographie.php/frau/biographie/olympe-de-gouges/
10 Kargl, Maria; Wetschanow,Karin; Wodak, Ruth: Kreatives Formulieren. Anleitungen zu geschlechtergerechtem Sprachgebrauch, Hrsg. Bundeskanzleramt, Abt. 7/1, Wien 1997, S.12.
11 Trömel-Plötz, Senta: Frauensprache. Sprache der Veränderung. Frankfurt/M. 1996: Fischer
12 Vervecken, Dries; Hannover, Bettina: Yes I can! Effects of gender fair job descriptions on children's perceptions of job status, job difficulty, and vocational self-efficacy. In: Social Psychology Nr. 46, 2015, S. 76–92.
13 vgl. Skriptum des Kompakt-Lehrgangs BELA – Berufliche Laufbahnberatung für Frauen 2019-2020 netzwerk-frauenberatung.at, S. 17.

14 Ricoeur, Paul: Wege der Anerkennung: Erkennen, Wiedererkennen, Anerkanntsein. Frankfurt/M. 2006: Suhrkamp, S. 134.
15 Zehetner, Bettina: Politik statt Pathologisierung. Zur gesellschaftlichen Verantwortung von Psychotherapeut_innen. in: Anna Sieben (Hg.in): psychosozial 140: Psychotherapie und Gender. 38. Jg., Nr. 140, 2015, Heft I
16 Broverman, Inge K., et al: Sex Role Stereotypes and Clinical Judgments of Mental Health. In: Journal of Consulting and Clinical Psychology, Heft 34, 1-7, 1970
17 vgl. Kirschenhofer, Sabine: Geschlechtergerechte Paartherapie mit heterosexuellen Paaren. Reflexionen zu einem utopischen Unterfangen. In: Psychotherapieforum Mai 2019, S.23, 25-30.
18 Kaufmann, Jean-Claude: Schmutzige Wäsche. Zur ehelichen Konstruktion von Alltag. Konstanz 1994: Universitätsverlag.
19 Da meine Beratungserfahrungen überwiegend auf heterosexuellen Paaren beruhen, verwende ich die männliche Form »der Partner«.
20 Mitscherlich, Margarete: Über die Mühsal der Emanzipation. Frankfurt/M. 1990: Fischer, S. 86 f.
21 Ebd., S. 87.
22 Mitscherlich, Margarete: Über die Mühsal der Emanzipation. Frankfurt/M. 1990: Fischer, S. 174 f.
23 www.frauenberatenfrauen.at/fortbildung.html
24 Ahmed, Sara: Living a feminist life. Durham/Londen 2017:Duke University Press.
25 Ahmed, Sara: Spaßverderberinnen. Feminismus und die Geschichte des Glücklichseins. in: Mauerer, Gerlinde (Hg.in): Frauengesundheit in Theorie und Praxis. Feministische Perspektiven in den Gesundheitswissenschaften. Bielefeld 2010: transcript, S. 68.
26 Cvetkovich, Ann: Depression: A Public Feeling. Durham/NC/London 2012: Duke University Press.
27 Schröttle, Monika / Müller, Ursula: Lebenssituation, Sicherheit und Gesundheit von Frauen in Deutschland. Eine repräsentative Untersuchung zu Gewalt gegen Frauen in Deutschland. Im Auftrag des Bundesministeriums für Familie, Senioren, Frauen und Jugend; Berlin, 2004. Download http://www.bmfsfj.de/BMFSFJ/Service/publikationen,did=20560.htm
vgl. GiG-net: Gewalt im Geschlechterverhältnis. Erkenntnisse und Konsequenzen für Politik, Wissenschaft und soziale Praxis, 2008
28 Greuel, Luise; Petermann, Axel: Macht - Familie - Gewalt. Intervention und Prävention bei (sexueller) Gewalt im sozialen Nahraum. 2009: Pabst.
29 Zitiert aus einer Pressemitteilung des BMFSFJ vom 25.11.2019: www.bmfsfj.de/bmfsfj/aktuelles/presse/pressemitteilungen/gewalt-gegen-frauen---zahlen-weiterhin-hoch-ministerin-giffey-startet-initiative--staerker-als-gewalt-/141688

30 Erhebung der Agentur der Europäischen Union für Grundrechte zu geschlechtsspezifischer Gewalt gegen Frauen, 2014: www.fra.europa.eu/de/publications-and-resources/data-and-maps/gewalt-gegen-frauen-eine-eu-weite-erhebung
31 www.aoef.at/index.php/zahlen-und-daten
32 Ruhne, Renate: Raum Macht Geschlecht. Zur Soziologie eines Wirkungsgefüges am Beispiel von (Un)Sicherheiten im öffentlichen Raum. Wiesbaden 2011: Springer VS.
33 www.gesetze-im-internet.de/gewschg/index.html
34 Walker, Leonore E.: The Battered Woman Syndrome. 1979: William Morrow.
35 vgl. Wege aus der Gewalt in Partnerschaft und Familie. Frauen informieren Frauen FiF e.V., Kassel 2011: Eigenverlag.
36 Tazi-Preve, Mariam Irene: Vom Versagen der Kleinfamilie: Kapitalismus, Liebe und der Staat. Opladen 2017: Budrich, S. 190.
37 Martin, Katharina: Bis das Geld euch scheidet. Finanzielle Gewalt in Beziehungen. Berlin 2005: Orlanda
38 »Die Maskulinisierung des männlichen und die Feminisierung des weiblichen Körpers sind gewaltige und in einem bestimmten Sinn unendliche Aufgaben, die, heute wohl mehr denn je, einen beträchtlichen Aufwand an Zeit und Anstrengung erfordern und eine Somatisierung des Herrschaftsverhältnisses zu Folge haben, das auf diese Weise naturalisiert wird.« Bourdieu, Pierre: The Social Structures of the Economy. 2005: Polity, S. 99.
39 Kaufmann, Jean-Claude: Schmutzige Wäsche. Zur ehelichen Konstruktion von Alltag. Konstanz 1994: Universitätsverlag.
40 Vgl. Landweer, Hilge: Fühlen Männer anders? Überlegungen zur Konstruktion von Geschlecht durch Gefühle. in: Stoller, Silvia/ Vetter, Helmut (Hg.): Phänomenologie und Geschlechterdifferenz. Wien 1997: WUV-Universitätsverlag, S 249-273
41 Schigl, Brigitte: Psychotherapie und Gender. Konzepte, Forschung, Praxis. Welche Rolle spielt die Geschlechtszugehörigkeit im therapeutischen Prozess? Wiesbaden 2012: VS Springer.
42 Hark, Sabine: Feministische Theorie heute: Die Kunst, ‚Nein' zu sagen. in: feministische studien. »Was ist und wozu heute noch feministische Theorie?« Lucius, Stuttgart Mai 2013, 31. Jg. Nr. 1, S. 65-71.
43 Fine, Cordelia: Die Geschlechterlüge. Die Macht der Vorurteile über Frau und Mann. Stuttgart 2012: Klett-Cotta.
44 Mosberger, Brigitte; Kasper, Ruth; et al: Praxishandbuch: Methoden der Kompetenzbilanzierung und Portfolioanalyse. AMS Österreich, Abt. Arbeitsmarktforschung und Berufsinformation, Wien 2016: forschungsnetzwerk.at/downloadpub/AMS_PH_Kompetenzbilanzierung_Portfolio.pdf

45 Tweedie, Jill: Die sogenannte Liebe. Von den Zwängen der Zweisamkeit. Reinbek 1986: Rowohlt.
46 www.ilo.org/berlin/arbeitsfelder/frauen-in-der-arbeitswelt/lang--de/index.htm
47 www.ilo.org/berlin/arbeitsfelder/frauen-in-der-arbeitswelt/WCMS_633390/lang--de/index.htm
48 Penny, Laurie: Fleischmarkt. Weibliche Körper im Kapitalismus. Hamburg 2012: Nautilus.
49 Cvetkovich, Ann: Depression: A Public Feeling. Durham/NC/London 2012: Duke University Press.
50 Journal of Epidemiology and Community Health 2001
51 vgl. Schwarzer, Alice: EMMA. Die ersten 30 Jahre. München 2007: Heyne, S. 164.
52 Van Hoeken, et al: Epidemiology. In: Treasure, J., Schmidt, U., van Furth, E. (Hg.): The Essential Handbook of Eating Disorders. West Sussex 2005: Wiley.
53 Krüger, C. et al: Essstörungen und Adipositas: Epidemiologie – Diagnostik – Verläufe. In: Reich, G./ Cierpka, M. (Hg.): Psychotherapie der Essstörungen. Krankheitsmodelle und Therapiepraxis. Stuttgart 2001: Thieme.
54 Vgl. McRobbie, Angela: Top Girls. Feminismus und der Aufstieg des neoliberalen Geschlechterregimes. Wiesbaden 2010: Verlag für Sozialwissenschaften.
55 Bruch, Hilde: Eating Disorders: Obesity, Anorexia nervosa and the Person within. New York 1973: Basic Books.
56 Focks, Petra: Das andere Gesicht: Bulimie als Konfliktlösungsstrategie von Frauen.Frankfurt/ M.1994: Campus.
57 Sachsse, Ulrich: »Blut tut gut«. Genese, Psychodynamik und Psychotherapie offener Selbstbeschädigungen der Haut. In: Hirsch, Mathias (Hg.): Der eigene Körper als Objekt: zur Psychodynamik selbstdestruktiven Körperagierens. Berlin/New York 1989: Springer, S. 102.
58 Wolf, Naomi: Der Mythos Schönheit. 1993: Rowohlt, S. 246.
59 »Clinicians are more likely to suggest that healthy women differ from healthy men by being more submissive, less independent, less adventurous, more easily influenced, less aggressive, less competitive, more excitable in minor crises, having their feelings more easily hurt, being more emotional, more concerned about their appearances, less objective and disliking maths and science. This constellation seems a most unusual way of describing any mature, healthy individual.« Broverman, Inge, et al.: Sex Role Stereotypes and Clinical Judgments of Mental Health. in: Journal of Consulting and Clinical Psychology, Heft 34, 1970, S. 4 f.
60 Barth, Ariane: Die neue Männlichkeit; zit. n. Schmid-Siegel, Brigitte u. Gutierrez-Lobos, Karin: Überlegungen zur psychischen Gesundheit von Frauen. In: Mixa, Elisabeth et al. (Hg.): Körper - Geschlecht - Geschichte. Innsbruck 1996: StudienVerlag, S. 244-254.

61 vgl. Schmid-Siegel/Gutierrez-Lobos: Überlegungen zur psychischen Gesundheit von Frauen. 1996, S. 252, sowie Teuber, Nadine: Das Geschlecht der Depression. 2011.
62 vgl. Nordlohne, Elisabeth: Die Kosten jugendlicher Problembewältigung. Alkohol-,Zigarretten- und Arzneimittelkonsum im Jugendalter. Weinheim 1992: Juventa, S. 177.
63 vgl. Hagemann-White, Carola: Sozialisation: weiblich — männlich? Opladen 1984 Leske + Budrich, S. 52 ff.
64 Stein-Hilbers, Marlene: Geschlechterverhältnisse und somatische Kulturen. Vortragsreihe 17 des Instituts für Soziologie der Universität Wien 1996, S. 13.
65 Hurrelmann, Klaus: Junge Frauen: sensibler und selbstkritischer als junge Männer. in: Pädagogik 1991, S. 59, sowie aktuelle Frauengesundheitsberichte
66 Stein-Hilbers, Marlene: Geschlechterverhältnisse und somatische Kulturen. Vortragsreihe 17 des Instituts für Soziologie der Universität Wien 1996, S. 19.
67 Maschewsky-Schneider, Ulrike, et al.: Sind Frauen gesünder als Männer? 1988, S. 23.
68 Nordlohne, Elisabeth: Die Kosten jugendlicher Problembewältigung. Alkohol-, Zigaretten- und Arzneimittelkonsum im Jugendalter. Weinheim 1992: Juventa, S. 179.
69 Brähler, Elmar/Felder, Hildegard: Weiblichkeit, Männlichkeit und Gesundheit. Medizinpsychologische und psychosomatische Untersuchungen. Opladen 1992: Westdeutscher Verlag, S. 11.
70 Maschewsky-Schneider, Ulrike, et al.: Sind Frauen gesünder als Männer? 1988, S. 175.
71 Stein-Hilbers: Drogen im weiblichen Lebenszusammenhang;1984. Hurrelmann: Junge Frauen: sensibler und selbstkritischer als junge Männer; 1991. Nordlohne: Die Kosten jugendlicher Problembewältigung 1992.
72 Ernst , Andrea: Kinderreport: Wie Kinder in Deutschland leben. Köln 1991: Kiepenheuer und Witsch, S. 92.
73 Helfferich, Cornelia: Geschlechterbeziehungen, Lebenslauf und private Lebensformen. Zur Grundlegung der Familiensoziologie. Köln 2010: Rüdiger Köppe Verlag, S. 50.
74 Flaake, Karin: Geschlecht, Macht und Gewalt. Verletzungsoffenheit als lebensgeschichtlich prägende Erfahrung von Mädchen und jungen Frauen. In: Dackweiler, Regina-Maria/Schäfer, Reinhild (Hg.): Gewaltverhältnisse. Feministische Perspektiven auf Geschlecht und Gewalt. Frankfurt a.M./New York 2002: Campus, S. 161-170

Empfehlenswerte Literatur und Filme

Ahmed, Sara: Spaßverderberinnen. Feminismus und die Geschichte des Glücklichseins. In: Mauerer, Gerlinde (Hg.in): Frauengesundheit in Theorie und Praxis. Feministische Perspektiven in den Gesundheitswissenschaften. Bielefeld 2010: transcript, 53-84.

Ahmed, Sara: Living a Feminist Life. Durham/Londen 2017: Duke University Press.

Appel, Margit: Politisierung von Frauen als Strategie gegen Frauenarmut. In: Heitzmann, Karin/Schmidt, Angelika (Hg.innen): Wege aus der Frauenarmut. Frankfurt/Main 2004, 191-212.

Appelt, Erna: Neoliberale Modernisierung staatlicher Regulierung – am Beispiel des österreichischen Care-Regimes. In: Malli, Gerlinde/Sackl-Sharif, Susanne (Hg.innen): Wider die Gleichheitsrhetorik. Münster 2014: Westfälisches Dampfboot, 62-81.

Asgodom, Sabine: Lebe wild und unersättlich! 10 Freiheiten für Frauen, die mehr vom Leben wollen. München 2014: Goldmann.

Barth, Ariane: Die neue Männlichkeit; zit. n. Schmid-Siegel, Brigitte u. Gutierrez-Lobos, Karin: Überlegungen zur psychischen Gesundheit von Frauen. In: Mixa, Elisabeth et al. (Hg.): Körper - Geschlecht - Geschichte. Innsbruck 1996: StudienVerlag

Bergmann, Nadja: Bewegung im Geschlechterverhältnis. Wien 2014: Lit-Verlag.

Bourdieu, Pierre: The Social Structures of the Economy. 2005: Polity Press.

Brähler, Elmar/Felder, Hildegard: Weiblichkeit, Männlichkeit und Gesundheit. Medizinpsychologische und psychosomatische Untersuchungen. Opladen 1992: Westdeutscher Verlag.

Braun, Christina von: Der Preis des Geldes. Eine Kulturgeschichte. Berlin 2012: Aufbau Verlag.

Braun, Christina von: Die Frau hat kein Geld, sie ist Geld. In: der blaue reiter, Ausgabe 33 »Denken Frauen anders?«. Hannover 2013: Verlag für Philosophie, 66-73.

Bröckling, Ulrich: Das unternehmerische Selbst. Soziologie einer Subjektivierungsform. Frankfurt/M. 2007: Suhrkamp.

Cvetkovich, Ann: Depression: A Public Feeling. Durham/NC/London 2012: Duke University Press.

EP KLARA! Netzwerk für Equal Pay und Gendergleichstellung am Arbeitsmarkt: Grundkurs Gender. Materialien und Methoden zur Sensibilisierung für Gleichstellungsfragen. Innsbruck/Wien 2007: Selbstverlag.

Erhebung der Agentur der Europäischen Union für Grundrechte zu geschlechtsspezifischer Gewalt gegen Frauen, 2014: www.fra.europa.eu/de/publications-and-resources/data-and-maps/gewalt-gegen-frauen-eine-eu-weite-erhebung

Ernst , Andrea: Kinderreport: Wie Kinder in Deutschland leben. Köln 1991: Kiepenheuer und Witsch.

Fallwickl, Mareike: Dunkelgrün, fast schwarz. Frankfurt/M. 2018: Frankfurter Verlagsanstalt.

Fine, Cordelia: Die Geschlechterlüge. Die Macht der Vorurteile über Frau und Mann. Stuttgart 2012: Klett-Cotta.

Flaake, Karin: Geschlecht, Macht und Gewalt. Verletzungsoffenheit als lebensgeschichtlich prägende Erfahrung von Mädchen und jungen Frauen. In: Dackweiler, Regina-Maria/Schäfer, Reinhild (Hg.innen): Gewaltverhältnisse. Feministische Perspektiven auf Geschlecht und Gewalt. Frankfurt a. M./New York 2002: Campus, 161-170.

Focks, Petra: Das andere Gesicht: Bulimie als Konfliktlösungsstrategie von Frauen. Frankfurt/M. 1994: Campus.

Frauen* beraten Frauen*: Freiheit und Feminismen. Feministische Beratung und Psychotherapie. Gießen 2020: Psychosozial Verlag.

Frauen beraten Frauen/Institut für frauenspezifische Sozialforschung (Hg.): In Anerkennung der Differenz. Feministische Beratung und Psychotherapie. Gießen 2010: Psychosozial Verlag.

Frauen informieren Frauen FiF e. V.: Wege aus der Gewalt in Partnerschaft und Familie. Informationshandbuch für Frauen. Kassel 2011: Selbstverlag.

Frey, Regina et al.: Gender-Manifest. Plädoyer für eine kritisch reflektierende Praxis in der genderorientierten Bildung und Beratung. Berlin 2006: Selbstverlag. gender.de/mainstreaming/GenderManifest01_2006.pdf

Fuchs, Kirsten: Mädchenmeute. Reinbek 2015: Rowohlt.

GiG-net: Gewalt im Geschlechterverhältnis. Erkenntnisse und Konsequenzen für Politik, Wissenschaft und soziale Praxis. 2008: Budrich.

Greuel, Luise; Petermann, Axel: Macht - Familie - Gewalt. Intervention und Prävention bei (sexueller) Gewalt im sozialen Nahraum. 2009: Pabst.

Gröning, Katharina/Kunstmann, Anne-Christin/Neumann, Cornelia (Hg.innen): Geschlechtersensible Beratung. Traditionslinien und praktische Ansätze. Gießen 2015: Psychosozial Verlag.

Grossmass, Ruth: Psychische Krisen und sozialer Raum. Eine Sozialphänomenologie psychosozialer Beratung. Tübingen 2000: dgvt-Verlag.

Grubner, Angelika: Geschlecht therapieren. Andere Erzählungen im Kontext narrativer systemischer Therapie. Heidelberg 2014: Carl Auer.

Hagemann-White, Carola: Sozialisation: weiblich – männlich? Opladen 1984: Leske + Budrich.

Haidinger, Bettina/Knittler, Käthe: Einführung in die Feministische Ökonomie. Wien 2013: Mandelbaum.

Hark, Sabine: Feministische Theorie heute: Die Kunst, »Nein« zu sagen. In: feministische studien, 31. Jg., Nr. 1 »Was ist und wozu heute noch feministische Theorie?«. Stuttgart 2013: Lucius, 65-71.

Hastreiter, Astrid/Wittig, Christine: Frauen und Vermögen. Theorie und Praxis eines unternehmerischen Experiments. In: Regnath, Johanna/ Rudolf, Christine (Hg.innen): Frauen und Geld. Königstein/Taunus 2008: Ulrike Helmer Verlag,157-185

Haushofer, Marlen: Die Mansarde. Frankfurt/M. 1986: Fischer.

Helfferich, Cornelia: Geschlechterbeziehungen, Lebenslauf und private Lebensformen. Zur Grundlegung der Familiensoziologie. Köln 2010: Rüdiger Köppe Verlag.

Hofbauer, Johanna/Sauer, Birgit: »Mit feiner Klinge«. Geschlechterasymmetrien in Führungsetagen von Unternehmen. In: Malli, Gerlinde/ Sackl-Sharif, Susanne (Hg.innen): Wider die Gleichheitsrhetorik. Münster 2014: Westfälisches Dampfboot, 117-128.

Illouz, Eva: Der Konsum der Romantik: Liebe und die kulturellen Widersprüche des Kapitalismus. Frankfurt/ M.2003: Suhrkamp

Jelinek, Elfriede: Die Liebhaberinnen. Reinbek 1990 (1975): Rowohlt.

Jochimsen, Maren A.: Für andere sorgen heißt: sich in Beziehung setzen. Die Analyse von Sorgebeziehungen und die Ökonomie. In: Prätorius, Ina (Hg.in): Sich in Beziehung setzen. Zur Weltsicht der Freiheit in Bezogenheit. Königstein/Taunus 2005: Ulrike Helmer Verlag.

Kaufmann, Jean-Claude: Schmutzige Wäsche. Zur ehelichen Konstruktion von Alltag. Konstanz 1994: Universitätsverlag.

Krüger, C. et al.: Essstörungen und Adipositas: Epidemiologie – Diagnostik – Verläufe. In: Reich, G./Cierpka, M. (Hg.): Psychotherapie der Essstörungen. Krankheitsmodelle und Therapiepraxis. Stuttgart 2001: Thieme.

Landweer, Hilge: Fühlen Männer anders? Überlegungen zur Konstruktion von Geschlecht durch Gefühle. In: Stoller, Silvia/Vetter, Helmut (Hg.): Phänomenologie und Geschlechterdifferenz. Wien 1997: WUV-Universitätsverlag, 249-273.

Martin, Katharina: Bis das Geld euch scheidet. Finanzielle Gewalt in Beziehungen. Berlin 2005: Orlanda Verlag.

Maschewsky-Schneider, Ulrike et al.: Sind Frauen gesünder als Männer? 1988

McRobbie, Angela: Top Girls. Feminismus und der Aufstieg des neoliberalen Geschlechterregimes. Wiesbaden 2010: Verlag für Sozialwissenschaften.

Michalitsch, Gabriele: Kein Haushalt ist geschlechtsneutral. In: Haushalt für alle! Mit Gender Budgeting zum geschlechtergerechten Haushalt. Dokumentation der Fachtagung vom 27.11.2004 in München, 8-22.

Mitscherlich, Margarete: Über die Mühsal der Emanzipation. Frankfurt/M. 1990: Fischer.

Möller, Heidi/Müller-Kalkstein, Ronja: Gender und Beratung. Auf dem Weg zu mehr Geschlechtergerechtigkeit in Organisationen. Göttingen 2014: Vandenhoeck & Ruprecht.

Mosberger, Brigitte; Kasper, Ruth; et al: Praxishandbuch: Methoden der Kompetenzbilanzierung und Portfolioanalyse. AMS Österreich, Abt. Arbeitsmarktforschung und Berufsinformation, Wien 2016: forschungsnetzwerk.at/downloadpub/AMS_PH_Kompetenzbilanzierung_Portfolio.pdf

Nordlohne, Elisabeth: Die Kosten jugendlicher Problembewältigung. Alkohol-, Zigaretten- und Arzneimittelkonsum im Jugendalter. Weinheim 1992: Juventa.

Penny, Laurie: Fleischmarkt. Weibliche Körper im Kapitalismus. Hamburg 2012: Nautilus.

Pfäfflin, Friedemann: Geschlechtsumwandlung. Abhandlung zur Transsexualität. Stuttgart 1992: Schattauer.

Rahm, Dorothea: Gestaltberatung. Grundlagen und Praxis integrativer Beratungsarbeit. Paderborn 1988: Junfermann.

Ranftl, Edeltraud: Equal Pay und Perspektiven zur Umsetzung des Prinzips der Gleichwertigkeit. In: Buchmayr, Maria (Hg.in): Alles Gender? Feministische Standortbestimmungen. Innsbruck 2009, 199-211.

Rastetter, Daniela/Jüngling, Christiane: Mikropolitik und Gender im Management: »Doing Difference by Emotion«. In: Funder, Maria (Hg.in): Gender Cage – Revisited. Handbuch zur Organisations- und Geschlechterforschung. Baden-Baden 2014: NOMOS, 245-270.

Ricoeur, Paul: Wege der Anerkennung: Erkennen, Wiedererkennen, Anerkanntsein. Frankfurt/M. 2006: Suhrkamp.

Rosendorfer, Tanja: Geld und Liebe – Geldarrangements in Partnerschaften. In: Regnath, Johanna/Rudolf, Christine (Hg.innen): Frauen und Geld. Königstein/Taunus 2008: Ulrike Helmer Verlag, 87-111.

Rudolf, Christine et al. (Hg.innen): Schneewittchen rechnet ab. Feministische Ökonomie für anderes Leben, Arbeiten und Produzieren. Ein Werkstattbuch aus der attac Gender AG. Hamburg 2013: VSA Verlag.

Ruhne, Renate: Raum Macht Geschlecht. Zur Soziologie eines Wirkungsgefüges am Beispiel von (Un)Sicherheiten im öffentlichen Raum. Wiesbaden 2011: Springer VS.

Schigl, Brigitte: Psychotherapie und Gender. Konzepte, Forschung, Praxis. Welche Rolle spielt die Geschlechtszugehörigkeit im therapeutischen Prozess? Wiesbaden 2012: VS Springer.

Schmid-Siegel, Brigitte/Gutierrez-Lobos, Karin: Überlegungen zur psychischen Gesundheit von Frauen. In: Mixa, Elisabeth et al. (Hg.): Körper – Geschlecht – Geschichte. Innsbruck 1996: StudienVerlag, 244-254.

Schwarzer, Alice: EMMA. Die ersten 30 Jahre. München 2007: Heyne.

Seidl-Gevers, Cornelia/Liegl, Eva (o. J.): Trainingshandbuch »Gender Rolle Identität«. Train-the-Trainer-Seminar zur Vereinbarkeit von Gender, Arbeit, Beruf und Familienpflichten. Klagenfurt: Amt der Kärntner Landesregierung, Referat für Frauen und Gleichbehandlung [im Rahmen des EU-Projekts »Changing gender approach«]. www.forschungsnetzwerk.at/downloadpub/drava_Gendertrainingshandbuch.pdf

Sickendiek, Ursel: Feministische Beratung. In: Nestmann, Frank/Engel, Frank/Sickendiek, Ursel (Hg.): Das Handbuch der Beratung, Bd. 2. Tübingen 2007: DGVT-Verlag, 765-779.

Sorority (Hg.): No More Bullshit! Strategien gegen Stammtischweisheiten. Wien 2018: Kremayr & Scheriau.

Stelzer-Orthofer, Christine/Schmidleithner, Irmgard/Rolzhauser-Kantner, Elisabeth (Hg.innen): Zwischen Wischmopp und Laptop. A typisch(e) Frauenarbeit. Frauenerwerbstätigkeit und Prekarität. Wien 2008.

Tatschmurat, Carmen: Gender Troubles in der Beratung. In: Nestmann, Frank/Engel, Frank/Sickendiek, Ursel (Hg.): Das Handbuch der Beratung, Band 1. Tübingen 2004: DGVT-Verlag.

Tazi-Preve, Mariam Irene: Vom Versagen der Kleinfamilie: Kapitalismus, Liebe und der Staat. Opladen 2017: Budrich.

Teuber, Kristin: Hautritzen als Überlebenshandlung. Selbstverletzendes Verhalten von Mädchen und Frauen. In: Rohr, Elisabeth (Hg.in): Körper und Identität. Königstein/Taunus 2004: Ulrike Helmer Verlag, 128-143.

Teuber, Nadine: Das Geschlecht der Depression. Bielefeld 2011: transcript.

Thürmer-Rohr, Christina: Die Wahrheit über eine zweigeschlechtliche Welt gibt es nicht. In: Buchmayr, Maria (Hg.in): Alles Gender? Feministische Standortbestimmungen. Innsbruck 2008, 50-64.

Trömel-Plötz, Senta: Frauensprache: Sprache der Veränderung, Frankfurt/M. 1982: Fischer.

Tweedie, Jill: Die sogenannte Liebe. Von den Zwängen der Zweisamkeit. Reinbek 1986: Rowohlt.

Van Hoeken, D./Seidell, J./Hoek, H. Wijbrand: Epidemiology. In: Treasure, J./Schmidt, U./van Furth, E. (Hg.): The Essential Handbook of Eating Disorders. West Sussex 2005: Wiley.

Voigt, Diana/Jawad-Estrak, Hilde (Hg.innen): Von Frau zu Frau. Feministische Ansätze in Theorie und Praxis psychotherapeutischer Schulen. Wien 1991.

Walker, E. A. Lenore: The Battered Woman Syndrome. 1997: William Morrow Paperbacks.

Wetterer, Angelika: Rhetorische Modernisierung: Das Verschwinden der Ungleichheit aus dem zeitgenössischen Differenzwissen. In: Knapp/Wetterer (Hg.innen): Achsen der Differenz II, Münster 2003, 286-319.

Winkler, Marietta: Das Private ist politisch. Aspekte Personzentrierter Feministischer Therapie. In: Iseli, Chaterine, et al. (Hg.): Identität Begegnung Kooperation, Köln 2002: Gesellschaft f. wiss. Gesprächspsychotherapie.

Wolf, Naomi: Der Mythos Schönheit. 1993: Rowohlt

Wrede, Brigitta (Hg.in): Geld und Geschlecht. Tabus, Paradoxien, Ideologien. Opladen 2003: VS Verlag.

Zehetner, Bettina: »There is a Pussy Riot inside you!« Freiheit und feministische Beratung. In: Frauen* beraten Frauen* (Hg.): Freiheit und Feminismen. Feministische Beratung und Psychotherapie. Gießen 2020: Psychosozial Verlag

Zehetner, Bettina: Freiheit in der feministischen politischen Philosophie. In: Frauen* beraten Frauen* (Hg.): Freiheit und Feminismen. Feministische Beratung und Psychotherapie. Gießen 2020: Psychosozial Verlag.

Zehetner, Bettina: Konstruktionen und Kulturen von Krankheit aus Gender-Perspektive. In: Psychotherapie Forum, 1/2019. Springer.

Zehetner, Bettina: Feminismus und Freiheit in Theorie und Praxis: Feministische Beratung bei Trennung und Scheidung. In: Festschrift für Prof. in Herta Nagl. Münster/Wien 2019: LIT-Verlag.

Zehetner, Bettina: »Karrieregeile Rabenmutter!« In: Sorority (Hg.): No More Bullshit! Strategien gegen Stammtischweisheiten. Wien 2018: Kremayr & Scheriau, 72-77.

Zehetner, Bettina: Berührbarkeit, Verletzlichkeit und Geschlecht. Gewalt in Paarbeziehungen, feministische Philosophie und psychosoziale Beratung. In: Buchhammer, Brigitte (Hg.in): Lernen, Mensch zu sein. Women Philosophers at Work II. Münster 2017: LIT-Verlag, 213-226.

Zehetner, Bettina: Emanzipation als Dienstleistung? Feministische Philosophie in der psychosozialen Beratung. In: Buchhammer, Brigitte (Hg.in): Neuere Aspekte in der Philosophie. Aktuelle Projekte von Philosophinnen am Forschungsstandort Österreich. Tagungsband der Society for Women in Philosophy SWIP Austria]. Wien 2015: Axia Academic Publishers.

Zehetner, Bettina: Krankheit und Geschlecht. Feministische Philosophie und psychosoziale Beratung. Wien/Berlin 2012: Turia + Kant.

Zehetner, Bettina: Feministische Trennungsberatung. Von der Abhängigkeit über die Ambivalenz zur Autonomie. In: Frauen beraten Frauen/Institut für frauenspezifische Sozialforschung (Hg.): Feministische Beratung und Psychotherapie. Gießen 2010: Psychosozial Verlag, 99-111.

Zehetner, Bettina: Schreiben wirkt. Feministische Onlineberatung. In: Frauen beraten Frauen (Hg.): In Anerkennung der Differenz. Feministische Beratung und Psychotherapie. Gießen 2010: Psychosozial-Verlag.

Zehetner, Bettina: Frauenspezifische Onlineberatung. Besonderheiten und Qualitätskriterien. Ein Leitfaden. In: Frauen beraten Frauen/Institut für frauenspezifische Sozialforschung (Hg.). Wien 2008. www.frauenberatenfrauen.at/download/leitfaden.pdf

Filme

»Man for a Day«, Deutschland 2012, Regie: Katharina Peters. Doku über die Workshops der Performance-Künstlerin Diane Torr.

»Glenn the Great Runner«: www.annaerlandsson.se/film.html.

»Ronja verdient mehr«: www.ronja-verdient-mehr.at.

Entlang des fiktiven Lebenslaufs von Ronja kann sich jede*r ein Bild davon machen, wie sich strukturelle Diskriminierung auf das Leben von Frauen auswirkt.

Sachregister